泉币春秋

——中华钱币文化大观

刘　伟　编著

中原农民出版社

· 郑州 ·

图书在版编目（CIP）数据

泉币春秋：中华钱币文化大观 / 刘伟编著. —郑州：中原农民
出版社，2014.12
（上下五千年中华传统文化书系）
ISBN 978-7-5542-0955-4

Ⅰ.①泉… Ⅱ.①刘… Ⅲ.①古钱（考古）- 文化 - 中国 - 青少年
读物 Ⅳ.①K875.6-49

中国版本图书馆 CIP 数据核字（2014）第 264399 号

出版社：中原农民出版社
　　　　（地址：郑州市经五路 66 号　　　电话：0371-65751257
　　　　邮政编码：450002）
发行单位：全国新华书店
承印单位：永清县晔盛亚胶印有限公司
开本：710mm×1000mm　　　　　　　　1/16
印张：13
字数：245 千字
版次：2015 年 5 月第 1 版　　　　　**印次**：2015 年 5 月第 1 次印刷

书号：978-7-5542-0955-4　　　　**定价**：25.80 元
　　　　本书如有印装质量问题，由承印厂负责调换。

人人都与钱打交道，却未必人人都知道"钱"最初是怎么出现的，最早的"钱"是什么样，也不是人人都知道钱币史的起点。本书将对"钱"从头说起，有助于人们了解"钱"，并为那些热衷古钱币收藏者和鉴赏者提供一些专业知识。

中国素有"文物之邦"的称谓，历代遗留下来的古文物多不胜数，其中就包括古钱币。悠久的钱币文化史是中华传统文化的一个重要组成部分。钱币是人类社会经济发展到一定阶段的产物。早在商周时期，中国新出现了实物货币——贝，其后各种不同形制和质地的仿贝类钱币陆续出现。随着青铜冶炼技术的广泛运用，中国进入了具有划时代意义的金属货币铸造时代。到了春秋战国时期，在不同地域经济状况下，相继出现了布币、刀币、圜钱和方孔圆钱等不同的货币流通区。秦始皇兼并六国后，建立中央集权国家，统一了货币，于是使方孔圆钱成为中国延续两千余年的基本货币形态。

对于中国古钱币的研究，最早始于南朝，时人顾烜编撰了《钱谱》，后经继承发展，使之成为一个专门学科——钱币学。多年来，中外许多考古学家、钱币学家、钱币收藏家和文物工作者都曾对古钱币这一内涵丰富的"宝藏"进行过大量研究和考证，并取得了一些卓有成效的硕果。《泉币春秋——中华钱币文化大观》一书的编写以历史的沿革为顺序，上启先秦下至民国，兼顾不同时期及各少数民族政权铸币史实，兼收并蓄，图文并茂，融科学性、观赏性、学术性和趣味性为一体，使读者在观赏一枚枚钱币图片的同时，感受中华传统文化的博大精深，从而领悟古钱币文化的奥秘和魅力。

前言

目录 MULU

目录 *MULU*

目录 MULU

钱史篇

谢公最小偏怜女，
自嫁黔娄百事乖。
顾我无衣搜荩箧，
泥他沽酒拔金钗。
野蔬充膳甘长藿，
落叶添薪仰古槐。
今日俸钱过十万，
与君营奠复营斋。

QIANSHI

"钱"最初是怎样产生的？我们的祖先用的"钱"是什么样的？为了正确回答这些问题，还是有必要从源头说起。

钱 币 溯 源

最早的钱币是什么样子的?钱币史的起点在哪里？要解答这些问题，就必须回到遥远的过去。那个时代给人们留下的文字资料和文物资料都太少了，以致人们只能看到它的模糊影像。稍有政治经济学常识的人都了解：钱币（或称货币）是交换和贸易发展到一定程度的产物。所以，要追寻中国钱币史的起点，要弄清中国最早的"钱币"是什么模样，就必须先了解一下我国早期交换和贸易的发展情况。

"贝"与"朋"解析

"市"是古代进行交换和贸易的场所。《易·系辞》上说："神农氏作……日中为市，致天下之民，聚天下之货，交易而退，各得其所。"《世本》说："祝融作市。"《尸子》上说：尧时"宫中三市，而尧鹑居"。这些记载都讲我国早在夏商周三代以前就有"市"了。又有记载讲舜曾亲自经商，死后葬于"南已之市"。这些记载究竟可信不可信呢?很难判定。原因是现在还没有发现当时人使用的文字（有人认为当时遗存的陶器上的符号便是文字，但尚有待考证)，更没有发现当时人留下的文献，上面引的这些记载都是很久以后的春秋战国时人甚至汉代人追述的。不过也不能完全否认这些记载。相反，考古资料表明，至少在尧舜禹时代存在初步的交换和贸易是完全可能的。那就把人们探寻的目光引向遥远的上古时代。

有了交换和贸易，不等于就有了货币，只有交换和贸易发展到一定水准才会产生货币。"市"的存在仅仅为货币的产生提供了条件，即确定了货币产生的上限，只知道"市"是什么时候出现的，还是不能断定货币是什么时候产生的。要知道货币是什么时候产生的，最便捷的办法还是先找到最初的货币本身。中国古代使用时间最长的货币是铜币（包括刀币、布币等），于是人们便推想在使用铜铸币之前，我们的祖先可能以铜块作货币。在使用铜块之前，或者在使用铜块的同时，我们的祖先还使用过别的东西当作货币，人们逐渐把目光移向了贝。

人们推想贝是最早的货币，首先是因为有记载可寻。司马迁在《史记·平准书》里提到夏朝曾使用"龟贝"作货币。另一西汉人桓宽则记道："教与俗改，币与世易。夏后以玄贝……后世或金钱刀布。"《盐铁论·错币》文学家扬雄也讲："古者宝龟而货贝，后世君子易之以金币。"晋朝人郭璞则说得更为形象："先民有作，龟贝为货；贵以文彩，贾（价）以大小。"他认为"先民"使用贝币，是根据贝的"文彩"来决定币值的，这种见解颇新奇，但不知是否有根据。人们还注意到，汉字中凡与钱财有关的，往往包含"贝"，如财、货、贮、赏、

夏商贝币

赐、债、贸、贪、贫（买、卖、宝的繁体字中也包含"贝"）等，这说明在汉字最初形成时，人们在观念上已把"贝"与钱财密切地联系在一起了。

其次，人们推想贝是最早的货币，也是因为有考古资料作证。在河南仰韶村、山西芮城等史前（新石器时代）文化遗存中，人们已经发现了贝。河南省偃师县二里头文化遗址被认为是夏代或稍早于夏代的历史遗存，在这一遗址内发现了天然贝和用骨头、石头仿制的贝。在对河南陕县七里铺、郑州上街等夏代历史遗存的考古发掘中，也发现了仿贝。在商代历史遗址里发现的贝的数量最多，如郑州白家庄的一个商代早期墓葬中，发掘出460多个海贝。在河南安阳被推测是殷王武丁配偶妇好的墓葬中竟发掘出6 800枚海贝。这说明贝很早就被使用，而且较早地被相当广泛地使用。当然，人们最初可能用贝作装饰品，后来逐渐地用为交换的媒介——钱币。

再次，中国的云南地区，在清末以前长达数百年时间里一直使用贝作货币，这不但见诸记载，而且为老一辈人所亲见。我们固然不能武断地讲这一地区使用贝币与我们的祖先一定有联系，但这一事实毕竟说明古人以贝为币具有很大可能性。

最后，人们推想贝是最早的货币，还因为这样推断较合情理。前面说到，在夏朝以前我们的祖先已经开始进行简单的交换和贸易，已经建立了专门用于

交换和贸易的"市"。考古发现也表明，夏代各地的物资交流达到了相当的规模。例如在前面提到的河南偃师二里头遗址中，人们发掘出绿松石串珠、各种玉饰。安阳殷墟周围的商代墓葬中，也发掘出龟甲、鲸鱼骨、玉饰等。

这些物品分别产于我国的西部、东部边远地区，它们中应有相当部分因交换和贸易获得。人们又从考古发掘中了解到，夏代我国已经进入青铜器时代，手工业发展达到一定水平，这势必要促使交换和贸易进一步发展。

从考古发掘看，贝在当时是一种重要的装饰品，还可能用来辟邪，具有较高的使用价值。它又可分 (单个) 可合 (联成串)，若在交换和贸易中作为媒介，有便于携带、便于计价、坚固耐久等优点。

所以，推想贝是最早的货币是较合情理的。况且，除了中国以外，世界上还有另外一些国家 (如印度) 或地区古代也曾用贝作为货币呢。

这里应当说明，讲到"贝"，人们往往立即联想到蚌壳，而我们祖先用为货币的贝，却不是一般讲的蚌壳，而通常是一种被称为齿贝的贝，它有美丽的花纹、闪亮的光泽，形象十分诱人，不然怎么能把它挂在脖子上当装饰品呢！

古人以贝为币，是否就只以单个贝为计量单位呢？不是的。贝被使用虽很早，但就现有考古成果看，使用得最普遍、最多的还是商代和周代前期。我们所确知的中国最早的古文字也是通行于这一时期的甲骨文和金文。商周时代青铜器 (主要是祭器) 上的铭文 (金文) 和占卜用的甲骨上的文字中讲到贝的地方颇多，其中记述君主对下属的赏赐物时，讲贝的情况尤其多。

甲骨文、金文文献中讲到贝，大抵有两种情况：一是直接讲若干贝，另一种则讲若干"朋"。属于西周前期文物的青铜器"遽伯哀簋"上的铭文记述遽伯哀"用贝十朋又三 (四) 朋"。这一段文字不但表明贝在当时已成为货币，而且表明朋是贝的计量单位。

甲骨文、金文之外，我国先秦文献中也有关于"朋"的记载。如《诗经·菁菁者莪》中就有"既见君子，赐我百朋"的诗句。那么朋是怎样的单位？一朋折合多少贝呢？

关于一朋是多少贝，汉代有两种说法：一说一朋是二枚贝，一说一朋是五枚贝。后人对这两种说法颇有怀疑，因为根据金文的朋字的几种写法，从字形上可以推断：一是一朋所包含的贝数应当是双数的，所以讲一朋是五贝不妥。二是一朋似包含两串贝，每串的数目应不止一个，所以讲一朋是二贝也不妥。

清代国学大家王国维根据对古代文物和古文献的研究，提出了每朋为十贝的新见解。这一见解后来为考古发现所证明，郭沫若先生为此曾赋诗道："宝贝三堆难计数，十贝为朋不模糊。"有人还从青铜器铭文中推算出每朋为十枚贝，看来每朋十贝的认识是接近实际的。

自从"朋"字被引申或借用为"朋友"的"朋"以后，"朋"的本意就被人们淡忘了，今天的人们或许不会想到，"朋"竟是我国最早的货币单位呢!

最早的铜币

我们的祖先最早使用的"钱"是贝，那么最早使用的金属货币又是怎样的呢?

对此《史记·平准书》有如下一段记述："虞夏之币，金为三品，或黄（金），或白（银），或赤（铜），或钱，或布，或刀，或龟贝。"《管子·山权数》则记夏禹"以历山之金铸币"，商汤"以庄山之金铸币"。《竹书纪年》也记商汤在位的第二十一年上，曾"铸金币"。

另外《逸周书·克殷解》《六韬》《吕氏春秋》《淮南子》《史记》等好几部历史典籍上都记述，周武王灭商进入商朝都城时，曾"振（一作"散"）鹿台之钱（一作'金钱'）"。这些典籍的作者有的是春秋战国时期人，有的是西汉时期人，他们都讲夏商时期我国就有了金属铸币。这可信吗?人们对《史记》的记述多有怀疑，讲夏代就又有金又有银，又有钱又有布，实在令人难以置信。但对夏、商时期是否有金属铸币这个问题，人们也不敢轻易作否定回答，于是只好又去求助于考古发现。

我国古代先秦时期一些典籍有灾年铸币的说法，如《国语·周语》记周大夫单旗说："古者天灾降戾，于是乎量资币（指铸币），权轻重，以振救民。"而《管子·山权数》记，夏禹在位时一连五年水灾，夏禹便组织人们"以历山之金铸币"，用以帮助因为没有粮食被迫卖掉子女的人赎回子女。商汤在位时一连七年旱灾，"汤以庄山之金铸币"，也用于帮助因为没有粮食被迫卖孩子的人赎回孩子。

《竹书纪年》载："殷商成汤二十一年大旱，铸金币。"《周礼·司市》上也讲："国凶荒札（札，指瘟疫流行）丧，则市无征，而作布（按指布币）。"《盐铁论·力耕》也有类似的记述。看来至少在先秦以至汉代，灾年铸币的说法是流行很广的，很可能历史上确有此种事。

我们的祖先为什么要在灾年大铸钱币呢?对这个问题的回答是多种多样的，似乎如下的回答较为更合情理：灾年铸币是为了用这些钱币到境外换取粮食，换言之，这样做可以用手工业的成果弥补农业生产的欠缺。

中国从夏朝就已进入了青铜器时代，近年出土了不少夏代的青铜器，相当精美。到了商代，我国的青铜器更进入鼎盛期，著名的司母戊方鼎，重675千克，雄伟壮观，达到颇高的工艺水平。在出土的商代青铜器中，不但有礼器、饮食具、武器，还有相当数量的工具，如斧、锯、铲等。

有人推想，夏商之间人们可能曾以铜块为货币，但这种推测还未能被考古发掘所证明（从现在的考古发掘看，周代确实有以铜块作货币的情况，然而类似的情况在夏商考古中却没有发现)。

在考古发掘中,人们在发现大批古代用作货币的贝的同时,也时常发现有些人工仿制的假贝与海贝在一起,其中有陶制的、骨制的、石制的、玉制的等,今人分别称它们为陶贝、骨贝、石贝、玉贝等。海贝既然是作为货币使用的,这些仿制的贝也应当是作货币使用的。既然可以用陶土、骨、石、玉制贝,那么为什么不可以用铜制贝呢?事实上,确实有铜制的"贝"。

1953年,在安阳大司空村商代墓葬中发现了3枚铜贝;1971年,在山西保德县林遮峪村殷代墓葬中又发现了铜贝109枚。近年发行的"钱币珍品系列纪念章"第一套第一枚就是专门纪念此事的。但商代距今那样久远,能保留下来的文物是很有限的,迄今发现商代铜贝的暂时只有这两处,要证实商代确曾以铜贝作过货币,似还感欠缺。

考古发现的周代铜贝数量较多,山西侯马上马周代墓群先后发掘出铜贝达2 100余枚。有些周代青铜器铭文中还有"易贝卅寻"记述,其中"寻"据考证是称量金属的重量单位,可见所讲的贝是指铜贝。据专家对一名为"曶鼎"的青铜器上的铭文进行考释,上面讲的是用一百寻铜贝买下五名奴隶,这说明铜贝已被当作价值尺度。由使用自然贝到使用铜贝,这在情理上似乎是顺理成章的。

人们在周代铜礼器时常常看到一个带"贝"字旁的字,有人释它为"债",有人释它为"赋",有人则释它为"货",并且说这个字当时就是专门代指铜贝的。无论怎样,周代看来有些地方是曾以铜贝为货币的,那么,这些地方的这种做法是否是沿用殷商的旧办法呢?

人们通常将货币称为"钱币",或称之为"钱",那"钱"的本义即它最初的含义是什么呢?经考察,人们发现,钱的本义竟是一种农具。《诗经》上说:"命我众人,寺乃钱、镈。"(我命令我手下的农奴们,准备好你们的钱和镈)就提到了钱这种农具。农具和货币如何能联到一起呢?于是人们便想到布币,布币的形状如同一把铲子,早期的布币甚至还有能安装木柄的地方(所谓空首)。但是记载中却不见直接称布币为钱的。

有人便解释说:钱与镈原本是同一事物的不同称呼,都是指中耕用的铲子,而镈、布古代同音互用,而"钱"最初写作"泉",古字形与铲子(即布币)近似,所以布币就是钱币。这样解释不太令人满意,但似乎也不无道理,因为目前还没有更让人信服的说法。如果我

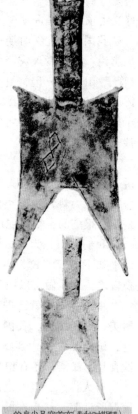

耸肩尖足空首布(春秋时期楚铸)

们相信这种说法，那么布币应当是一种使用较早的货币，然而现存的和考古发掘中见到的布币，大多数却是战国时期的文物，少量可能是春秋时期的文物，有没有更早的布币呢？

1953年在河南安阳殷墟发现了一枚阔约10厘米、长约20厘米的青铜铲；1976年在陕西临潼县一西周遗址处，人们又发现了一枚与它大小接近的青铜铲。这些发现使人联系到1964年在晋南地区发现的一件周代文物。它形状像铜铲，但只有13厘米长，比上述二枚青铜铲要小。

于是人们进而联想到一个名为"作册卣"的青铜器铭文中"贝"、"布"并提的情况，又联想到《古泉汇》上记载的长16厘米的布币等情况。继而有人提出大胆的推断：这些青铜铲比实用的青铜铲小，比后来的铲状布币又大，它们就是最早的布币，即"原始布"，是由实用农具向货币过渡的中间形态。如果这一论断是正确的，则我国早在商代后期和西周，就已经有另一种最初形态的金属铸币——原始布在流行。

西周时期

"太公九府圜法"和鱼形币

对于姜太公，人们并不陌生，但多是从《封神演义》上看来的，于是有"姜太公钓鱼，愿者上钩"等说法。姜太公是个传奇式的人物，自古已然。相传姜太公姓姜，吕氏，名尚，一说名子牙，因周文王曾说"吾太公望子久矣"，故号太公望。大诗人屈原的著名诗篇《离骚》中写道："吕望之鼓刀兮，遭周文而得宰。"而另外在他的《天问》中却又提出疑问："师望在肆昌何识？鼓刀扬声后何喜？"用现代汉语表达就是：姜太公在店铺里周文王怎么会认识？姜太公敲击刀子大声吆喝怎么就获得了周文王的赞赏？这里透露出一个信息，即姜太公发迹前曾在商店里做过事。

关于这一点，先秦两汉不少典籍中都有记载。例如《战国策·秦策》中说姜太公曾是"朝歌（商朝都城）之废屠"。《尉缭子》说"太公望年七十屠牛朝歌，卖食盟津"。《淮南子·泛论训》说："太公之鼓刀……出于屠酤之肆。"此外《韩诗外传》《说苑》《列女传》等都有类似的记载，可见此种说法流行之广。姜太公既然在店铺里卖过东西，那他对经济方面的事务应当是熟悉的。

据东汉班固的《汉书·食货志》记，姜太公在钱币史上也干了一件了不起的大事，那就是创立了"九府圜法"。此书记："太公为周立九府圜法：黄金方寸，而重一斤；钱圜函方，轻重以铢；布帛广二尺二寸为幅，长四丈为匹。""太公退，又行之于齐。"按他所记，姜太公为西周所立币制是三币并行的制度，即黄金、铜钱、布帛同时并用。

对于班固的这一记述，人们多有怀疑：一是所谓"九府圜法"这一名称与下面所述它的具体内容联系不起来。二是这里讲的三币并行制度别的书没有记载，特别是早于他的司马迁没有记载。三是按照他的记述，西周时期就已有外圆内方的铜钱，这至今没有被考古发现所证实。然而班固这番话纯属杜撰吗？许多年来人们就此进行了反复争论，迄今未能取得一致的见解。

1974年到1981年，在陕西宝鸡茹家庄、竹园沟西周遗址22座墓葬的考古发掘中，除了发现海贝706枚、石贝216枚、玉贝68枚以外，人们还发现三种铜铸品，它们的形状分别为鱼形、榆叶形和锚形。其中鱼形铸品共540枚，榆叶形铸品110枚，锚形铸品约200枚。鱼形铸品长4.5厘米左右，榆叶形铸品长3.5厘米左右，锚形铸品长2~3.7厘米，厚度均约为0.1厘米。此外还有与鱼形铸品形状类似的锡制鱼形物和玉质鱼形物。

人们于是联想到，早在清朝末年，本地区就曾出土过这类文物。有些学者认为，它们不适合做装饰品，因为较为沉重，数量又这样多，应该都是当时流行的货币。这就是说，西周时期这一地区可能流行过鱼形币、榆叶形币和锚形币，这大约同这个民族主要以渔猎为生有关。

不过，对于这种判断，疑问是不少的。首先，这种判断找不到文献记载作证明。其次，同一地区同一时期为什么会有三种不同形状的货币呢？再次，找不到与这些"钱币"上下衔接的东西，有点"前无古人，后无来者"的味道。总之，这些鱼形、榆叶形、锚形物是否当时的货币，还有待于进一步证实。

1995年在浙江绍兴市城东新区，出土了3 000余枚铜质戈形物，有些专家认为这就是"戈币"，分特大型、大型、中型和小型四类，最大的长144毫米、重12克，最小的长71毫米、重1.34克。但目前只有此一处出土，是否确系一种铸币也有待进一步研究。

"抱布贸丝"

关于西周时期人们究竟使用钱币达到了何种水平的争论，常常涉及《诗经》里的一首诗："氓之蚩蚩，抱布贸丝；匪来贸丝，来既我谋……"（《卫风·氓》）这是一首爱情诗，大意说："那个青年蛮实在的，抱着'布'来换（或买）我的丝；他实际不是为丝而来，而是找我谋划我们的婚事。"对于其中的"布"字，存在两种不同的解释。汉代《诗经》大师毛氏、经学家郑玄都释为布币，"抱布贸丝"就是怀抱

齐国刀币

布币来买丝。后人以此作出推论，西周布币已得到相当广泛的应用。

战国时期铸造的铲布

但西汉著名经济学著作《盐铁论》中却把"抱布贸丝"解释为物物交换，东汉思想家王充也同意这种看法。也有后人由此作出推论：西周基本上还通行物物交换，钱币应用很不广泛。持这种看法的人批驳持前种看法的人说：布币岂有"抱"的?对方引证考古发现说：出土的布币往往是一小捆一小捆(束)的，当然要"抱"。他们还引《韩非子·内储说》中卫国一个老太太的祈祷："使我无故，得百束布"作旁证。然而考古发掘中毕竟没有发现多少西周的布币，所以要完全否定物物交换的说法还显得证据不足。

近年又出现第三种说法，即认为"抱布贸丝"的"布"既不是金属布币，也不是普通实物，而是一种实物货币。上文已讲姜太公"九府圜法"中就有以布帛为币一项。战国时期秦国可能也曾以长8尺、宽2.5寸的一块布作为货币。魏晋到隋唐数百年间，不少地方也曾用布帛作实物货币。当然，持这种观点的学者认为《韩非子》中老太太希望得到的"百束布"也是这种作为实物货币的布。尽管如此，先秦文献中有关以"麻布"为实物货币的记载实在太少了，要证明"抱布贸丝"的"布"为实物货币更加困难。

这里我们不禁要联想到"货币"的"币"字。它在先秦文献中出现的次数不算少，而且大都是指丝织品，有人甚至认为"币"的本意就是丝织品。然而这些"币"却不是指货币，而是指"礼币"，即用来举行礼仪的物品。不过，为什么我们讲的"钱币"、"货币"中都有一个"币"字，这倒是个耐人寻味的问题。

关于"抱布贸丝"的几种解释，究竟哪种解释正确，恐怕一时还难作结论。当然，关于记述它的诗的写作年代、反映的是哪个历史时代的情况，也都还是颇有争议、尚待解决的问题。

春秋战国时期

春秋战国时期是中国钱币史上发展的一个辉煌的时期，钱币发行兴盛的背后，是经济的繁荣，是商业的兴盛。所以，中国历史上钱币发行的第一次兴盛是伴随商业发展的浪潮而形成的。归根结底，它是当时来势凶猛的一次商业大潮的标志。

城市与市场

春秋战国时期商业突飞猛进地发展，是以当时整个社会经济的发展为基础的。此时期农业发展达到了较高水平，牛耕和铁农具开始出现并得到一定程度的推广，人们懂得了施肥可以保持地力的道理，并且修建了许多农田水利设施。例如著名的鸿沟灌溉系统、引漳溉邺水利工程、郑国渠、都江堰等都是这一时期修建的。手工业、家庭副业也得到相应的发展。工农业的发展，推动了各行各业的发展，促进了人口的增加和城市的繁荣。

赵国名将赵奢说："古者……城虽大，无过三百丈者，人虽众，无过三千家者；今千丈之城、万家之邑相望也。"《晏子春秋》上记载，晏子出使楚国时曾讲：齐国都城临淄"张袂成阴，挥汗成雨，比肩继踵而在"，形容其人口众多，我

战国时期铸造的三孔布

们也可从中体会到临淄商业的繁荣程度。

但是到了战国时期，苏秦又形容临淄说"车毂击，人肩摩，连衽成帷，举袂成幕，挥汗成雨，家殷而富，志高而扬"。苏秦在沿用了晏子的话之外，又加上了"家殷而富"等修饰语，显然临淄的繁荣又超过春秋时期。

由于各地之间商业往来的增加，有些地方的土特产具有较高的知名度。如《吕氏春秋·本味》篇中就讲到"洞庭之鲋，东海之鲕"，"阳华之芸，云梦之芹，具区之菁"，"阳朴之姜，招摇之桂，越骆之菌，大夏之盐"，"不周之粟"，"江浦之橘"等。

李斯《谏逐客书》则讲到"江南金锡，西蜀丹青"等。《荀子·王制》更讲到全国性的物资和商品的大交流："北海则有走马吠犬焉，然而中国得而畜使之；南海则有羽翮、齿革、曾青、丹干焉，然而中国得而财之；东海则有紫紶、鱼、盐焉，然而中国得而衣食之；西海则有皮革、文旄焉，然而中国得而用之……故天之所覆，地之所

春秋时期铸平肩弧足空首布

载，莫不尽其美，致其用。"

为了给商业活动提供场所，同时也为了加强管理和征收商税，各城邑纷纷设置了"市"。《左传》记述齐王看到晏婴的家"近市，湫隘嚣尘（狭窄而环境吵闹）"，就提议给他另建新居，可见当时市上非常热闹。又记鲁大夫曾阜打比方说："贾欲赢而恶嚣乎（经商的人想赚钱还怕吵闹声吗）？"也表明了市的兴盛火爆。《管子·乘马》上说："方六里"称为"暴"，每二十五"暴"为一"聚"，"聚则有市，无市则民乏"，可能讲的是春秋时期的情况。到了战国时期，连偏僻的小县也建立了市，如马王堆出土《战国策》上言及魏国东部有"大县十七，小县有市者卅有余"，官方在市上设有专门的官吏，古籍记载春秋时期的有关官吏有"贾正"、"市掾"、"市令"等。

《周礼》原本应是记述西周礼制的，但今人多认为它记述的内容主要反映东周春秋战国时期的情况。按照《周礼》所记，市中有负全面责任的司市，有负责处理纠纷的市师、胥师、贾师，有维持秩序的群史，有执鞭守门的胥，还有质人、廛人、肆长、司稽、泉府等，各有专责。这当中可能有想象和夸张的成分，但当时市的管理相当完善是可以肯定的。

商人的经营活动

生产的发展、交通的便利、商业设施的完备为商人的活动提供了良好的条件，春秋战国时期的商人就在这一有利背景下作为商业大潮的弄潮儿登上历史的舞台。《国语·齐语》形容商人的经营活动说他们"观凶饥，审国变，察其四时，而监其乡之货，以知其市之贾（物价），负任担荷，服牛辂马，以周四方，料多少，计贵贱，以其所有，易其所无，买贱鬻贵"。不但"旦暮从事于此"，而且"以教子弟，相语以利，相示以时，相陈（讲述）以知贾（物价）"。

《墨子·贵义》讲："商人之四方，市贾倍徙（两地间的物价差达到两倍或五倍），虽有关梁之难，盗贼之危，必为之。"《管子·禁藏》说："商人通贾，

战国燕铸的明刀

倍道兼行，夜以继日，千里而不远。"

这些记载生动地描绘了商人在经营活动中的机敏和不辞辛苦，同时也说明当时的商人已懂得商业与政治形势、农业丰歉等都有密切联系，懂得了把握时机的极端重要性，说明商人们已经积累了相当丰富的经验。

讲春秋时期的商业，人们就会想到著名历史人物范蠡（即陶朱公）。范蠡辅助越王勾践成就霸业后，功成身退，转而经商，"十九年中三致千金"，成为天下闻名的巨富。后来齐国请他做国相，但不久他又自动放弃官爵，重新做起商人来了。这一次他的计划更加宏伟，他看中陶邑（今山东定陶）地处"天下之中，诸侯四通，货物所交易"，就在这里安了家，他和儿子苦心经营，资产发展到"巨万"。范蠡便将一部分财用以接济乡亲、救济贫困的人，被人们誉为"富好行其德者"。范蠡和白圭一起被后世尊为商人的祖师爷。

范蠡经商期间，有一位鲁国人曾向他请教致富的门路，这人名叫猗顿。范蠡指导他先从经营畜牧业入手，再由牧而商。猗顿有了资本以后，便转向食盐的营销，最终也成了大富豪。《韩非子·解老》中讲："上有天子，诸侯之尊"，"下有猗顿、陶朱、卜祝之富"。不但把他同他的老师范蠡并列，而且将他们与天子、诸侯相比，可见他的富有已非同寻常。

战国时期，乌氏倮通过经营与少数民族贸易致富。他的主要做法是购买内地的珍奇纺织品卖给少数民族酋长，换取牲畜，就地繁殖后再到内地出售。巴蜀地区的寡妇清，与她前人几代经销矿产品，也成为巨富。

商业理论的形成

春秋战国时期，随着商业的发展，有关商业经营的理论也出现了。据《史记·孔子世家》记，孔子曾向老子求教，老子用"良贾深藏若虚"告诫孔子。

《论语·子罕》载，孔子与子贡有一段对话，子贡问孔子："有美玉于斯，韫椟而藏诸，求善价而沽诸（这里有一块美玉，是放在柜子里保藏呢，还是等待时机卖个好价钱呢）？"孔子回答："沽之哉，沽之哉，我待贾者也（要卖，要卖，我是在等好价钱)。"

他们的谈话中都涉及了商业理论，这说明随着商业活动与人们发生越来越多的联系，人们对商业活动中带规律性的东西已有了较多的了解。

在商业理论形成的同时，也产生了商业经营的理论家，其代表人物是计然和白圭。计然（又名计倪、计研）据说是范蠡的老师，越国人，与范蠡一起辅佐过越王勾践。他总结出物价"贵上极则反贱，贱下极则反贵"、"一贵一贱，极而复反"的变动规律。他并且讲，经商谋利的基本原则之一是要加快资金周转，即所谓"无息币"，"财币欲其行如流水"。另一位越国人文种（有人认为文种就是计然）曾对越王讲："臣闻之贾人，夏则资（按此指购进）皮，冬则资稀，旱则资舟，水则资车，以待乏也。"他（或讲那位商人）已经懂得怎样利用

战国中晚期铸造的方足布

战国秦铸方孔圆钱

战国赵铸圆足布

价值规律来谋取利润，在 2 500 多年前，就有了如此清醒的认识，实在是了不起。

白圭是战国时期周国人，他总结出"人弃我取，人取我与"的经营方针，还提出："吾治生产（此指经营商业），犹伊尹、吕尚之谋，孙吴用兵，商鞅行法是也。是故其智不足与权变，勇不足以决断，仁不能以取予，强不能有所守，虽欲学吾术，终不告之矣。"这就是说，白圭把经商看作是一种很庄严的事业，他认为经商者需要具备政治家的谋略、军事家的权变、改革家的魄力，所以他在经营活动中，"能薄饮食，忍嗜欲，节衣服，与用事僮仆同苦乐，趋时若猛兽鸷鸟之发"。白圭被后代商人尊为祖师。

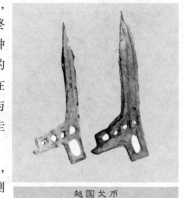
赵国戈币

计然、白圭等人的商业理论具有相当深度，比较成熟，在当时全世界处于领先地位，这从侧面反映出春秋战国时期商业的发展达到了较高的水平。

商人势力的膨胀

如果广泛阅读先秦典籍，就会体会到春秋时期商业的发展大不同以往。当时不但商业活动频繁而活跃，在社会生活中发挥了引人注目的作用，而且出现了不少商界名流，他们不但在商场上叱咤风云，而且在当时的政治生活、文化生活等方面也发挥了重要作用。

提到春秋时期的商业，人们往往会想到齐国。齐国有重商的传统，前文述及齐国的创始者姜太公经商。《史记》讲，他被封到齐以后看到齐国很贫困，就"劝其女功，极技巧"，"通商工之业，便渔盐之利"，还推行"九府圜法"。到了春秋时期，辅佐齐桓公成就霸业的主要谋士竟几乎都是曾经经商的人。

人们都熟悉"管鲍之好"的典故，这个典故出自《吕氏春秋》《史记》和《说苑》，讲的就是管仲早年与鲍叔牙合伙做生意的事。管仲、鲍叔牙都是齐桓公的主要谋士。齐桓公另一主要谋士宁戚，也曾务商。

战国秦铸方孔圆钱

战国晚期齐国铸方孔圆钱

《吕氏春秋·举难》记："宁戚欲干齐桓公，为商旅将任车以至齐，击牛角疾歌。"齐桓公听到歌声，知道唱者绝非常人，于是宁戚得到重用。还有不少典籍也记述了这件事，其中有的记为击牛角而"商歌"，于是又引出争议，即"商"究竟是商人的商还是宫商角徵羽的商呢？无论怎样，宁戚曾务商是没有争议的。

讲春秋时期商业，人们也会想到郑国。据《左传》记载，晋国的韩宣子要买郑国一位商人的玉环，先托郑国国相子产代购，被子产婉言谢绝。韩宣子只好自己

战国末秦相吕不韦铸的文信

去找这位商人，双方已经议好了价钱，商人却不肯立即成交，说要得到郑国官方的同意。韩宣子颇感奇怪，便找子产问究竟。子产说，我们郑国当初刚建国时，情况很糟，商人为郑国的开发立了大功，所以郑国国君同商人立了盟约：商人永不背叛郑国，官方永远不损害商人的利益。从那以后，官府与商人一直相处得很好。你要我代购玉环，我怕商人为难，所以谢绝了；你要买走玉环，商人怕有损于国家，所以来征求我的意见。

《吕氏春秋》又记述了另一件有关郑国商人的事：秦国军队想偷袭郑国，途中与赶着牛群的郑国商人弦高、奚施相遇。弦高立即猜出了秦军的意图，于是急中生智，假装是郑国派来迎接秦军的使者，对秦军主帅说："诸位辛苦了！郑国国君让我们献上玉璧和十二头牛，对你们表示慰问。"秦军主帅一看郑国已有防备，便撤兵了。这两件事都表明郑国官方同商人关系非常融洽，由此我们也不难推想，郑国的商业必定是相当兴盛的。

子贡（端木赐）是孔子的大弟子，孔子曾无可奈何地讲他"不受命而货殖焉，亿则屡中"（不做官而去经商，预测行市每每猜中）。《史记》上说他"好废居，与时转货赍"，"家累千金"，既是有名的大商人，又做过鲁、卫等国的国相，有钱有势，"所至，国君无不与之分庭抗礼"。他是孔子讲学活动的主要资助者，所以司马迁说："使孔子名布扬于天下者，子贡先后之也。"

这些事例都表明，早在春秋时期，商人在政治上已有一定势力，他们当中有的做了大官，有的与官方建立了较牢固的联盟，有的依仗经济实力与君主分庭抗礼。这种情况在战国时期得到进一步发展，典型事例就是大商人吕不韦一度控制了秦国。据《战国策·秦策》记，吕不韦一次做生意回来问他父亲："耕田之利几倍？"其父答："十倍。"又问："珠玉之赢几倍？"答："百倍。"再问："立国家之主赢几倍？"答："无数。"吕不韦便怀着这样一种奇货可

战国晚期齐国铸镒四化

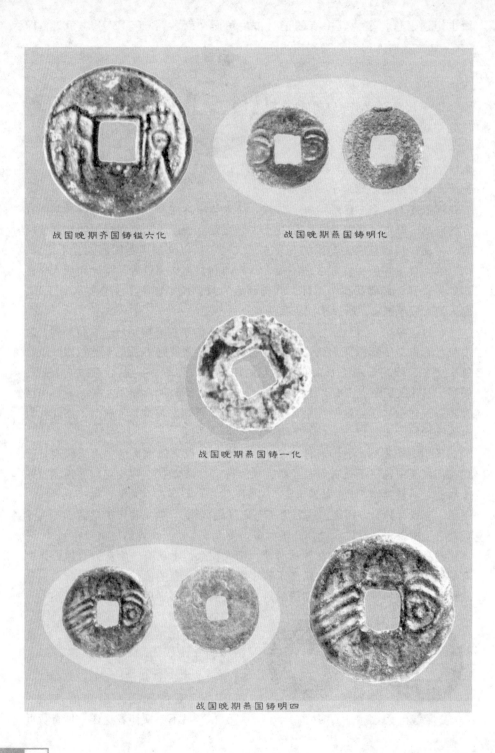

战国晚期齐国铸镒六化

战国晚期燕国铸明化

战国晚期燕国铸一化

战国晚期燕国铸明四

居的心理，把怀有身孕的赵姬献给在赵国做人质的秦公子子楚，又帮助子楚回国继承了王位，从而把持了秦国国政许多年。显然，春秋战国时期的商人在社会生活中扮演了重要角色，他们的活跃是当时商业迅猛发展的突出体现。

钱币的种类

春秋战国时期，是中国历史上少有的思想文化和学术上的百家争鸣、百花齐放的时期。在钱币方面，也出现了百花齐放的局面。从铜铸币来看，有布币、刀币、圜币、蚁鼻四大系统，此外还有金铸币等。

战国韩铸异形布

布币系统　刀币产生较早，可能西周时期已经铸行。早期的布币一般是空首布，即讲，布币的"首"（即相当于铲子安木柄处，下同）是中空的，仿佛真的可以安木柄似的，比后来的平首布更接近作为农具的铲或锹。从形体上区分，空首布可分为有足、无足两类。有足的以空首尖足布为主，特征是首长、肩耸、足尖，数量不多。无足空首布有平肩、斜肩两种，除币首外，币面略呈方形，但币的下部往往呈弧形凹进。空首布主要行用范围略相当于今天的陕西、河南地区。空首布中有不少没有铭文，有铭文的一般也较难识认，对其铭文的释读往往争议较多。因而一般认为空首布多数是春秋时期或更早时期铸行的。

平首布。平首布一般来说铸行时间要比空首布晚，主要流行于战国时期。所谓"平首"是指布币的"首"不是中空的，而是平板状的。平首布也分有足、无足两类。无足平首布行用时间较早，数量也少，绝大多数平首布都是有足的。有足平首布从形体上又可分为尖足、方足、圆足三类。其中尖足平首布主要流行于赵国（今河北境内），应是由尖足空首布演化而来的。方足平首布的数量最多，流行于当时的赵、魏、韩等国（相当于现在的河北、河南、山西一带）。

圆足布。圆足布形体与农具相差较远，铸行时间最迟。圆足平首布通常是圆首、圆肩、圆足、圆裆，较为美观。圆足平首布中又有一种首、足各有圆孔的，称"三孔布"，它们是我国最早的带有纪重或纪1值铭文（铢或两）的钱以上所讲的比较粗概，事实上布币形体的变化是相当多样的。

例如平首布若从"首"的角度分，又可分为普通方首、倒梯形方首、圆首等类，其

战国赵铸的尖足布

中又有有孔、无孔的区别。还有一些布币形体较为奇特。如有些方首布币的"首"的上端两边分别多出一个小三角，被称为"锐角布"。近年出土的"殊布当忻"布，比一般布币都细长，等等。

平首布多数都有铭文，其中有相当数量的平首布铭文带有"忻"字，人们统称之为"忻布"，它们主要流行于当时的晋国（今山西一带），有半忻、忻布斤、二忻布等数种。

另有铭文中带有"当"和"寻"字的，被称为"当寻布"，主要流行于当时的魏国（今山西、河南交界地区）。

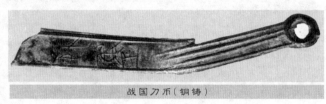
战国刀币（铜铸）

刀币系统 刀币是由实用刀演化而来的，主要流行于战国时期的燕国和齐国及其邻近地区，其中燕国的刀币较小，称小刀；齐国的刀币较大，称大刀。

燕国刀币。燕国的刀币人们多从刀首上区分，于是有针首、尖首、平首、圆首等种类。针首刀最早出土于河北承德，因地在古匈奴界内，所以有人又称之为"匈奴刀"。这种刀币刀首特别尖，铭文笔画简单，多象形文字，于是人们推想它铸行时间较早，形式文字都受到古匈奴人的影响。尖首刀的刀首不如针首刀那样尖，主要出土于今河北河间、保定一带，制作比针首刀精细，铭文也较针首刀正规。圆首、平首刀大约主要铸行于当时的赵国（今河北南部），数量较少。

在刀币中，数量最多的是铭文中有一个像"明"的字（关于这个字的释读，有莒、召、明、易等多种说法，也有人说它不是字，而是一种符号）的刀币，称明刀。明刀一般为尖首刀，但刀身有微弧状的和折线状的两种，分别称圆折刀和磬折刀。明刀多数是燕国铸行的，也有少量是齐国铸行的。

齐国刀币。齐国刀币一般大而厚，重量在40克以上。齐刀上铭文较多，所以人们习惯上按其铭文分类，主要有五种：一是六字刀或称"造邦刀"，正面铭文共六字，人们多认为其中两字应释为"造邦"或"建邦"，所以称之为"造邦刀"，存世很少。二是四字刀，正面铭文共四字即"齐之杏化"，文字较为秀丽。除铭文的差别外，四字刀正面外缘在接柄处中断，而六字刀没有这一中断。四字刀数量也较少。三是三字刀，正面铭文为三字，即"齐杏化"。它们一般比前两种刀币稍重，但工艺粗糙，边缘没有中断，其数量在齐刀中是最多的。四是即墨刀，正面铭文共六字；其中有两字为"即墨"。这种刀币大小相差较悬殊，大的重达56克，小的仅38克。关于大小即墨刀的关系，有人认为大小刀之间有价值比，有人认为小刀是大刀减重的结果。即墨刀数量较少。五是安阳刀，正面铭文共五字，中有"安阳"两字。安阳刀是齐刀中工艺水平最高的，铭文整齐挺秀，一般认为是齐国攻占安阳后铸造。

齐刀、燕刀以外，又有一种圆首刀币，被认为是赵国铸行的。圆首刀中有一类币文为"甘丹"，这两个字被释读为"邯郸"，即赵国的都城，则这类刀币就是邯郸铸造的了。

圜币系统　虽然现在多数学者认为布币是继铜贝以后中国最早的铸币，但也有不少学者认为圜币比布币在历史上产生得更早。他们提出的理由主要有：一是早期的圜钱形状很像我国原始社会后期人用的纺轮，纺轮应用很广，圜币可能是由于纺轮用作交换媒介而演化产生的。二是古籍中记载我国早期曾以玉为币，这里讲的玉，可能就是玉环，而圜币可能是由玉环演化而来的。

圜币存世和出土的数量不如刀币和布币，但从发现和出土地点看，铸行范围却比刀币、布币广，在春秋战国时期的齐、燕、赵、魏、韩、秦等国境内都曾铸行。从眼下已出土的圜币看，大部分是战国中后期铸行的。

因铸行地广，圜钱的形体、文字种类很多，但从钱孔来讲，仅有圆孔、方孔两种。圆孔钱有魏国铸行的"垣"字钱，大约铸行时间较早，数量也较多；有币文为"重一两十四铢"和"重一两十二铢"的，被认为是秦国铸行的。

方孔钱有齐国铸行的"賹化"钱和秦国铸行的"两甾"钱等。一般多认为圆孔钱铸行时间较早，也有人持异议，认为姜太公时有可能造过方孔钱。

但有一点大家的认识是一致的，即圜钱是后代普遍使用的铜钱的雏形，秦始皇统一中国钱币后所行用的半两钱就是以秦国的方孔半两圜币为基准的。

圜钱中较为多见的是垣字钱（因币文的"垣"字像旧时的横锁一样，所以俗称"锁子钱"）和賹化钱（如賹四化和賹六化等）及秦国的半两钱，但有两种圜钱存世数量虽稀却颇引人注意，那就是文信钱和长安钱。这两种钱之所以引人注意，是因为有人认为它们分别是前文讲到过的吕不韦和秦始皇的弟弟长安君铸造的。

长安君于公元前239年受命率兵攻打赵国，中途突然倒戈，但很快被其他秦军歼灭，长安君也被杀死。有些学者认为长安君此举是与吕不韦合谋的，目的是要搞垮秦始皇，取而代之。此后不久吕不韦和太后都被秦始皇处置，就证明他们与此事有关。

1955年春，在洛阳西郊河南城遗址发现了文信钱石范，而此地恰是吕不韦封地，使得吕不韦铸文信钱的说法又有了新证据。不过，这两种钱都以封号为钱文，而无论是这以前还是这以后，都再也找不到以封号为钱文的例子，所以文信钱和长安钱究竟是不是吕不韦、长安君所铸还是个未完全解开的谜。

蚁鼻钱　蚁鼻钱是指先秦时期楚国铸行的一种椭圆形小铜币，币的正面凸起，背面是平的，重量一般只有2克到5克。关于蚁鼻钱这一名称的来历，众说不一。有人说是因为币正面的铭文很像蚂蚁；也有人讲是因为它常被置于坟墓中镇服蚂蚁；还有人说"蚁鼻"只是夸张地形容这种钱形体很小等。蚁鼻钱又称鬼脸钱，这是因为这种币中带"哭"阴刻铭文的较多，币面很像鬼脸。

有人认为蚁鼻钱是直接由贝币演化而来的，但为什么它比铜贝小得那样多？为什么中原地区广泛行用贝币的地区没有使用蚁鼻钱，而蚁鼻钱却产生于楚国境内？这些疑问尚未得到令人满意的解释。

一般蚁鼻钱较小，重量在1至3克之间，1963年12月在湖北孝感却发现了一批较大、较重的蚁鼻钱，最重的达5.4克。有人认为这是年代较早的蚁鼻钱。

大约最初蚁鼻钱的大小与海贝是接近的，后来逐渐减重，才变成今人较为多见的那种小蚁鼻钱。那么，是否将来会有比孝感的更大的蚁鼻钱出土呢？人们在期待着。

将蚁鼻钱同布币、刀币、圜币作比较，使人深感蚁鼻钱同其他钱币风格差异颇大，除了它不是板状以及铭文上的不同外，蚁鼻钱突出的特点是它的小。

对于它为什么比别的钱币小得那样多，目前有许多猜测，例如认为楚地大宗贸易用金币，蚁鼻钱只用于日常生活，所以造得较小。

在先秦时期，楚国在社会风貌和文化习俗等方面都与中原各诸侯国有较大差异，近年来楚文化又成为学术界讨论的热点，从蚁鼻钱与布币、刀币、圜币的巨大差异中我们也可以感受到楚文化的特殊性。

楚战鼻

神秘的钱文

春秋战国时期的钱币，无论是布币、刀币、环币还是蚁鼻钱，大部分上面都有文字，多的竟有10个字以上。这个时期各地所用文字很不统一，而铸在钱币上的文字与写在竹简、布帛上的文字有相当的差异，因此识读这一时期钱币上的文字，就成了古文字学者的一项十分艰苦的工作。经过长时期的努力，这一时期钱币上的许多文字已经得到识别。另有一些钱币文字，专家们取得了较为一致的看法，也有一些钱文至今还是研究和争论的对象。

"钅斤"和"寽" 布币上的文字常见而又具一定重要性的有五种：一是数目字；二是地名，如屯、留、乌等；三是带"钅斤"字的，如济钅斤、白钅斤、细钅斤、半钅斤、一钅斤、二钅斤等；四是含"当折"两字的；五是含"当寽"两字的。

关于"钅斤"字，过去有把它析为两字的，但古文字中确有"钅斤"字，所以近代学者多认为是一个字而不是两个字。那么"钅斤"究竟表示什么意思呢？许慎《说文解字》说它是剂断（截断）的意思，和钱币似乎联系不上。有人认为"折"是一种重量单位，但对带"钅斤"字的布币进行重量实测，似乎又不能证实这种说法的正确性。标明"一钅斤"的布币重量从 11 克到 17 克不等，标明"半钅斤"的布币重量又不是"一钅斤"布币的一半，有的"半钅斤"币竟超过"一钅斤"币的重量。有人则认为"折"是斧头的意思，但布币的形状又分明不像斧头。又有一种布币文中有"钅斤"字。这种布币是安徽、江苏交界地区出土的，有大、小两类，两类币文不同，但都有"钅斤"字。有人认为它们是楚国币，有人认为是宋国币，意见不一。关于其中的"十斤"字，究竟是"钅斤"的异体字，还是"十"和"斤"两个字，抑或是别的什么字，也颇有争议。

关于"当寽"，现在人们已了解它是魏国迁都大梁以后铸行的，一般全部铭文为"梁重（或释允、新、奇）钅斤百当寽"、"梁重钅斤五十当寽"（以上两种铭文中也有"钅斤"字）、"梁正币百当寽"和"梁半币二百当寽"。其中"寽"是一种重量单位，这一点似乎已达成共识。但一"寽"究竟有多重呢？"寽"在这里是什么的重量单位呢？是像西周青铜器铭文中那样是铜的重量单位呢？还是别的什么东西的重量单位呢？有些学者因为古代"寽"与"爰"可能是同一个字的不同写法，而楚国金币又以爰为单位，所以推想"当寽"布币是魏国同楚国贸易时所使用的。但这却引出了疑问：只含那么一点铜的魏国布币就能折算一枚楚国金爰币吗？

"明"、"造邦"与"法化" 刀币中数量最多的是所谓明刀，有时一次出土便有上千枚。明刀之所以叫明刀，就是因为它们都带"明"字。不过对这个字的释读，历来意见不一。这个字的实际形状，有时颇像人的一只眼睛，有时又像是太阳和月亮，有时则形状古怪，可谓千姿百态，但现在人们已经确认它们都是一个字或一个符号的变形。开始钱币学家释读它为"莒"，后被否定。

有人说它是"召"字，进而说"召"是"赵"的省文，代表赵国。有人坚持说它是"明"字，表示系赵国新明邑所铸。但这种刀币出土地点却主要在燕国境内。于是有人便认为这种刀币是燕国平明铸造的，币上的"明"代表平明。也有人认为币上那个字是"易"字，表示此币是易这个地方铸造的。总之，这个刀币上最常见的字，究竟该怎样释读，尚未取得一致意见。

齐国刀币上多数都有二字，六字刀、四字刀、三字刀、即墨刀、安阳刀上都有这两个字。关于这两个字的释读，也存在分歧。这两个字的释读，关键在后一个字，即通常释此字为"化"或"货"。有人认为它是货币名称，有人则认为它是货币单位，又有人认为它是代表镰刀的象形文字。齐刀中六字、四字、三字三种刀币上都有"齐"字，尽管对它是代表齐国还是齐都（临淄）这一点上尚存争议，然而对这个字本身的释读却是没有异议的。

齐刀中有一种被称为六字刀或造邦刀的，它上面有"造邦（或释读为建邦，意思相近）"，有人根据这种刀币铸行年代较早，刀上又有"造邦"二字，就推断它们是姜太公建立齐国时所造，或者是齐国为纪念建国而造。果真如前种推断，则此种币将是我国最早的货币中的一种；如果真如后种推断，则此种币将是我国最早的一种纪念币。事实是否如此，还有待进一步论证。

"共"、"周"与"寏"　寏币出土数量少，寏币上的文字主要有垣、共、共屯赤金、长垣一斤、武坪、济阴、安臧、门、离石、洮阳、东周、四周、半晨、重一两十四铢、重一两十二铢等。其中垣、长垣、济阴、武坪、离石、洮阳一般被认为是地名，争议不大。人们议论较多的是共、东周、西周、半晨、重一两十四铢和重一两十二铢这几种币文。

共字寏币过去有一种认识，即认为它上面的"共"字是代表从周厉王被暴动者赶下台到周宣王即位中间的14年时间（史称"共和时期"，公元前841至前828年)，有人进而认为共和时期是共和伯执政，所以"共"字就代表共和伯。但因为找不到先秦货币文字有表示时间或执政者的例证，人们对此多有怀疑。后来有人推断"共"字代表地名，但它究竟代表什么地方却一时找不到正确的答案。所以关于"共"字的含义还是个尚未解决的问题。带有"西周"二字的寏币，形象粗陋，一度被认为是姜太公于西周初年主持铸造的货币，但这种看法后来被否定了，因为与它类似的还有带"东周"二字的寏币。于是人们推断西周、东周应代表战国时期的两个国名：公元前5世纪，周考王封弟揭于河南洛阳，号西周；周显王二年（公元前367）西周惠公封其少子班于巩（今河南巩义），号东周。带"西周""东周"的寏币大约就是这两个诸侯国铸行的。

共字圜钱

对于"半寏"，有人认为它们表明此币的价值为普通寏币的一半，但以目前存世的"半寏"币同其他寏币相比，前者的重量都远超过后者的一半。有人认为"寏"字表一种重量单位或价值单位，认为"寏"与"爰"、"寻"是同字异形，而两枚"半寏"币的重量恰好等于一枚"釿当寻"布币，这种说法较为合理，但仍有待进一步证明。

"重一两十四铢"、"重一两十二铢"两种币文无疑是表示钱重的，但有人却认为这两种圜币实际不是圜币，而是天平的砝码，当时确实有这样的砝码，但似乎比它们更精致。还有人提出对这两种币文应读为"一两、十四铢"，"一两、十二铢"的，即认为前者是实重十四铢的一两钱，后者是实重十二铢的一两钱。

战国时期的古钱币图案上有类似于人脸形状的文字。但经过专家释读，现在已确定它是古文贝字"奥"的变形。"秦"字有人释为"各六朱"的连写，其中"各"是地名；"六朱"即"六铢"，表重（一两的四分之一）也表价。有人则把它释读为"圣奈"，即"降率"，是楚国一种重量单位名称。有人却又把它释为"五朱"。

总之，春秋战国时期的钱币的币文，是一个奥妙无穷的领域，要正确地识认它们，不但需要丰富的古文字知识，而且要熟悉当时的历史和地理等，还需要对已出土的当时的钱币有通观的了解。前人在这个领域中已经大显身手，许多币文的诠释都有一段曲折的故事，它们都是历史学者、古文字学者和钱币学者辛勤劳动的成果，但还有许许多多未解开的谜等待有志有识者去解开。随着更多的币文被正确的解释，人们对那一时期的历史一定会有更新的认识。

"金"的广泛流行

记述春秋战国时期的历史的典籍中，关于"金"的记载是相当多的。例如《左传》鲁文公九年（前618）记"毛伯来求（丧礼）金"；鲁襄公五年记有人劝季文子"无藏金玉"。《国语·晋语》公子夷吾用"黄金四十镒（每镒折合二十两，一说三十两，下同）"向公子絷行贿。《史记·货殖列传》记陶朱公（范蠡）"十九年之中三致千金"。同书《越王勾践世家》记朱公的儿子犯罪被囚，朱公以"黄金千镒"作礼物求庄生帮助搭救。

文信钱系战国末秦相吕不韦在其封地所铸。文信钱存世极少，真品难得一见

这些记载说明春秋时期人们已时常使用黄金，当然，到了战国时期，人们使用黄金的次数、数量都大为增加，又远远超过春秋时期。据有人统计，《战国策》一书中记述金百斤、百镒以上的事例共有30多处。例如其中《秦策》记秦王给唐雎"五千金"作费用，让他争取士人归顺秦国。《楚策》记张仪向楚王盛赞周国女人美丽，引起南后郑袖恐惧，郑袖赶忙给张仪送去"金千斤"。

《韩策》记秦国国君用"三千金"买了韩国的美女。其他先秦典籍也有类似记载。《墨子·号令》讲在敌我相峙时期，有人谋杀自己一方的将领，就要悬赏"黄金二十斤"来捉拿凶犯。

《孟子·公孙丑》记，孟子的学生向孟子提出问题：上一次在齐国，齐王馈赠上等黄金一百镒，您不接受，后来在宋国，宋君送您黄金七十镒您反而接受了，这是为什么？《管子》《韩非子》《吕氏春秋》等书也有这类记载。汉代人的著作，特别是《史记》，关于战国时期人们应用黄金事例的记述就更多。例如记述著名的商鞅变法，最有戏剧性的一个情节，是商鞅悬赏城门徙木的事，结果一位勇敢应募者得到了"五十金"。又记魏公子因研究兵法引起了秦王的不安，秦王便派人携"金万斤"到魏国行反间计。类似的记载真是难以枚举。

值得注意的是，战国时期人们往往用黄金作为衡量物品价值的尺度。《韩非子·说林下》记：宋国有位富商名叫监止子，"与人争买百金之璞玉"。他看出这璞玉实际价值远远超过百金，怕错过良机，急中生智，竟假装失手将璞玉碰坏，别的商人见璞玉已坏，就纷纷离去。于是他向璞玉主人赔偿百金后将损伤了的璞玉拿走，经过修复，竟卖了"千镒"的好价钱。

在这里，璞玉的价值始终是用金来衡量的。另外，同书《外储说右上》提到"有百金之马而无千金之鹿"；《战国策·齐策》讲孟尝君向楚王献象床，"象床之直千金"；《史记·孟尝君列传》记"孟尝君有一狐白裘，直千金"，这些也都是以金为价值尺度的实例。当时人们还用金来形容人的富有程度，于是有"千金之家"、"万金之家"、"其家万金"、"家累千金"等说法。

黄金何时进入人们的生活？要回答春秋战国时期人们用作货币的"金"是铜还是黄金这个问题，先要追寻一下黄金进入人们生活的起始。有些文献上记载，黄金很早就被我们的祖先发现并利用了。如《管子·地数》记伯高对黄帝说："上有丹沙者，下有黄金。"《尚书·禹贡》记"厥贡惟金三品"。《史记·平准书》记："虞夏之币，金有三等，或黄（应为黄金）或白（应为白银）或赤（应为红铜)。"又说"古者""金有三等，黄金为上，白金为中，赤金为下"。但是这些记述因为包含错误或不确切处，所以人们多有怀疑。

从考古资料看，在我国，以黄金制品为饰物，可以追溯到夏代。在甘肃玉门市火烧沟古文化遗址中，曾发现金耳环、金鼻饮等，该遗址经碳14测定，距今近4 000年。在河南郑州商代早期遗址，曾发现一件金叶制成的夔龙纹饰品，在安阳殷墟、辉县琉璃阁的殷代墓葬中，也都发现有金叶。

在山东益都苏埠屯的一座殷代大墓中曾出土金箔14片，在山西保德县林遮峪村发现了殷代赤金弓形饰两件，重215克，金的纯度达到95%。可见黄金在商代或更早就已经进入了人们的生活中。在周代的墓葬中，人们又发现了金贝以及包金贝、贴金贝等。

既然黄金早在商代或商代以前就已经进入人们的生活，那么在约1 000年以后，由于它的应用逐渐广泛，被用为货币，应当说是完全可能的。

金铜说　有人怀疑春秋战国时期被用为货币的"金"是铜，并不是毫无根据的。因为当时"金"这个字（或单字词）有时表示黄金，有时则表示金属，有时确实也表示铜。众所周知，春秋战国时期已有"五行说"，五行中的"金"，即是代指金属。

《国语·齐语》上讲"美金以铸剑、戟"，"恶金以铸锄、夷、斤、斸"，"金"也是指金属。《左传》鲁僖公十八年，楚君给郑伯"金"，并同郑伯约定不能用于铸造武器，结果"以铸三钟"。这里用来铸钟的"金"，显然是铜。

那么，怎样才能证明春秋战国时期被用为货币的"金"是黄金而不是铜呢？

首先，我们可以用"倒推法"，先证明汉代用为货币的"金"是黄金，然后倒推上去。先秦文献中找不到明确的关于货币用"金"为黄金的记载，但汉代离先秦时间上较为接近，记载较为充分，所以我们先看汉代的情况。

西汉时期

汉初对先秦的承继

汉代也是用黄金为币的，而且用的数量往往也很多。例如汉高祖任用大儒叔孙通为太常，赐金五百斤；陈平与周勃有矛盾，用金五百斤为周勃祝寿，以弥合矛盾；元朔六年（前123）汉军征讨匈奴告捷，赏赐有功将士加万斤。诸如此类，难以枚举。

总之，在金的使用上，汉代相对先秦有继承性，情况相近。汉代人对金银铜的区分是明确的。司马迁（《史记·平准书》）记"虞夏之币，金为三品，或黄，或白，或赤"。《尚书·禹贡》："惟金三品"，汉代人孔安国注："金、银、铜也。"班固讲"古者""金有三等；黄金为上，白金为中，赤金为下"。不管他们关于前代的记述是否可靠，他们对金银铜的区分是明确无误的。

既然汉代人对金和铜有明确的区分，并且了解二者间的价值的不同，如果先秦时期与汉代情况有很大差异，则在汉代人的著作中理应讲到，而事实上却没有这样的记述。可见先秦时期货币所用的金与汉代的金一样都是黄金。

其次，黄金与黄铜是容易搞混的，但化学史研究证明，黄铜在中国最早出现于南北朝时期，而大量生产则在宋朝以后，先秦时期还没有黄铜。

最后，考古发掘发现了大批先秦楚国金币，这些金币已经流入内地，这充分说明当时黄金确已作为货币广泛流通。当然，如果将来考古发掘能发现流行于中原和北方地区的金币或用为货币的金块，则问题就可得到完全的解决。

"印子金"和"马蹄金"

早在晋代，就有一种带印痕的古代金版出土，到了北宋时，这种金版出土得愈加多了，人们便给它起了个名字，叫"印子金"。再到清朝末年，人们才了解到印子金原来是战国时期楚国的金币。

新中国成立以后，又有大批"印子金"出土，其中近年有几次考古发现尤其引人注意：1970年在安徽阜南县朱大湾村发现楚金币两堆，共42块，1 451克。1974年，在河南扶沟县古城公社（乡）发现楚金币392块，总计8 183克。1979年在安徽寿县东津公社（乡）发现楚金币19块，总重5 187克，其中有不少是完整的金版。1982年在江苏盱眙出土楚金币36块，总重1.1万余克。其中最重的金版重610克，是迄今出土的最重的金版。这么多楚金币的出土，充分说明黄金铸币在战国时期的楚国得到相当广泛的应用。

另外，在楚国以外的陕西咸阳，也有这种金币出土。这至少表明，由于贸易的发展，楚金币已经流行到楚国境外。

楚金币一度被称为印子金，是由于它们中大多数都有印痕。这是些怎样的印痕呢？经研究，人们发现，印痕基本都是用戳记打上去的文字。这些印文中一般释为"郢爰"，"郢"是楚国都城的名字，在今湖北江陵境内，后来迁都到别处，仍然称新都城为郢；"爰（有人释读为禹）"是一种重量单位。

但是人们对"爰"（或"禹"）的释读很快发生疑问：因为根据记载，每爰的重量应为十一铢半或六两半，实物实测的结果与此数不符。于是便对此字的解释做了一些新尝试，由此打上这些印文。然而似乎还未有一致的看法。除了"郢爰"之外，印文还有"陈爰"、"专爰"、"卢金"等，专家们对它们的含义做了深入的研究又引发了对印文功用的讨论，即究竟为什么要对金版探讨，有些方面的意见已趋一致，均认为是指地名，而对另一些问题的争论还很热烈。值得注意的是，有些地方出土的饼状金币上面没有印文，有人认为它们是一种特殊的金币，也有人认为它们是还未打上印文的半成品。

《汉书·武帝纪》中讲，汉武帝自称在祭祀时看见了麒麟和天马，于是便用黄金铸造它们的图像。唐宋以后时时有蹄状黄金锭出土，人们便认定这些金锭就是汉武帝时期遗留下来的，俗称"马蹄金"。

但是1982年在江苏盱眙出土的楚金币却使这种认识受到了冲击。原来，在盱眙出土的金币中除了"郢爰"等版状金币外，还有7块被认为是麟趾状、8块被认为是马蹄状的金币。这一发现引起了争议：考古学家认为"马蹄金"并非汉武帝首创，唐宋以来人们看到的"马蹄金"可能并不一定都是汉武帝时期的文物，这种金币与通常所见楚金币形制不同，它们会不会是流入楚地的中原金币呢？

汉武帝在思想文化方面罢黜百家、独尊儒术，但在经济上却全面推行根据轻重理论制定的政策，这与他急功近利有直接关系。他即位不久，就发动了对南越等的征讨，随后又开拓西南、东征朝鲜，最后发动了大规模的征讨匈奴的战争。战争耗用了巨额资财，动用了大量人力，而大量人力的投入又导致生产受损、国家财政收入减少。这样，改变财政上的被动局面就成了当务之急。

但是，在旧有的税收制度下已根本无法完成大幅度增加财政收入的任务，富商大贾"冶铸煮盐，财或累万金，而不佐国家之急"，这就不能不借助轻重理论所提供的那些聚财敛财办法。于是汉武帝便任用"大煮盐"东郭咸阳，"大冶铁"业主咸阳、孔仅、桑弘羊等人，实行盐铁酒官营，均输、平准及算缗等制度。算缗是国家向工商业者征收的一种资产税，告缗是对偷漏算缗税者的惩罚办法。它们是元狩四年（前119）颁布的，但真正认真贯彻却是在元鼎二年（前115）以后。算缗令规定：工商业者凡有资产价值二千钱者抽税钱一算，计一百二十钱（一说二百钱）。另外，有轺车（一种小马车）者收税二算、船长五丈以上一算。告缗令规定：凡偷漏算缗者，罚戍边一年，财产没收；有告发者，以一半财产作为奖赏。算缗税率颇重，工商业者除此税外，还要负担市租等，

西汉元鼎四年（前112）开始铸造的五铢钱

负担空前沉重。算缗令要求工商业者自己申报资产，这又使他们陷入进退两难的境地：多报负担困难，少报则有重罚，不多不少难以做到。加上贪官污吏作弊，算缗告缗令实行的结果，"商贾中家以上大率破"。

均输、平准法

此法是桑弘羊于元鼎二年（前115）在大农丞任上提出，于元封元年（前110）任代理大农令时推行全国的。均输的含义是根据各地的物价等情况，调整各地向朝廷运输钱财实物的品类和数额，力求达到不增加税额而最大限度地提高经济效益的目的。

平准的含义就是国家调控物价。具体做法：各郡设输官，京师设委府，如某地货物价高质次，就在当地卖掉，或改征价钱，然后用所得钱到价低质优处购买。凡遇某种商品价格暴涨或暴跌时，国家就大量购进或抛售此种商品，平抑物价。实际操作的结果，均输、平准成了官营商业，朝廷的实际收入大量增

汉孺子婴居摄二年（7）铸，契刀五百断柄者

汉孺子婴居摄二年（7）铸，一刀平五千

加。

元狩三年（前120），御史大夫张汤"承上旨"请求"笼天下盐铁，排富商大贾"。具体做法：国家划定产盐区域，在各产盐区设立盐官（见于记载者共35处），令盐民在规定盐场内，用官府借给的器具，晒盐取汁，再用官府置备的煮盐盆煎盐，所产盐国家统购统销，严禁盐民私自煮盐、卖盐以及商贾私买私贩。国家对食盐实行专卖高价，从垄断价格中获取高额利润。

又在各铁矿产区设铁官（见于记载者共48处），在不产铁地区各县设小铁官，负责销售。从铁矿的开采、冶炼到将铁制成器具、出售，一律由司农统辖的铁官组织官工匠、服役百姓、罪犯进行。严禁私人开矿冶铁，违者处以监禁和左脚带六斤重铁锁的苦刑，没收其器具。

天汉三年（前98），汉王朝行榷酒法，所谓榷，原意为独木桥，榷酒就是酒类国家垄断经营，具体做法失载。盐、铁、酒是当时最有利可图的三种行业，从前文可知，先秦和西汉不少大工商业者都是通过经营这三种行业发家的。现在，这三种行业都被封建国家垄断了，私人工商业者暂时失去了在这三种行业进行经营的权利。

由于汉武帝的这些经济政策，私人工商业受到严重打击，在此后许多年中，私人工商业迟迟不能恢复。从整个中国的历史发展来看，或许可以说，汉武帝时期是私人工商业发展的一个转折时期。此后数百年中，虽然工商业也有一定程度的发展，但总不如春秋战国和西汉前期那样有生气、有气势。这对中国货币经济的发展，产生了极为深远的影响。

这些制度确实起到了立竿见影的效果，国家的财政收支局面很快得到扭转。当然，财政状况的这种改变是有代价的，其代价之一是百姓贫困程度的加深和民营商业的衰坏。

皮币与白金币 与财政政策改变相联系，国家的货币发行也发生了重要变动。《管子·轻重丁》上说：齐桓公问管子：我想朝见天子而费用不足，有什么办法吗?管子提出的办法："使玉人（即玉匠）刻石而为璧，尺者（指直径一尺）万泉（泉同钱，指价值定为一万钱），八寸者八千，七寸者七千，圭中四千，瑗中五百。"璧制好后，管子先去晋见天子，对天子说："我们国君想率领诸侯朝见天子，并到太庙祭祀。请您下令，让诸侯进入太庙者必须佩戴璧，以示庄重。"

天子照办了，于是天下的诸侯纷纷向齐国购买璧，齐桓公朝见天子的费用问题由此得到解决。这当然不是实有其事，而是在用编故事的方式阐述道理。汉武帝时发行皮币似乎就是受到了它的启发。

当时汉王朝规定：正方形边长各一尺的白鹿皮，周围四边用精美花边织品装饰，价值规定为40万钱。要求王侯宗室在重大典礼时必须用它铺在璧的下面。这就是所谓的皮币。

关于"币"，原指先秦时期天子、诸侯间礼聘所用的礼品，通常是丝帛一类的东西，《左传》《礼记》等书中多有记载。汉武帝的皮币，究竟是单纯的礼币呢，还是因为有了定价，能在上层社会流通，具有了货币职能了呢?今人看法不一。

有人征引《汉律》"皮币率鹿皮方尺，直黄金一斤"的记载，提出假想说：汉武帝时皮币定价40万，大约后来减为1万，长期行用。尽管如此，要证明皮币确有货币职能，还是困难的。

不管皮币是否具备货币职能，宋朝以后的人在谈到纸币起源时，往往都要追溯到汉武帝的皮币，今人也有持这种看法的。究其原因，大约主要是认为纸币的交换价值是某种行政力量赋予的，而皮币的价值也是由某种行政力量赋予的，从这一角度看，二者之间确有一些共通性。

但纸币的发行要有社会交换一定程度的发展作基础，这一点是与皮币根本不同的。除了发行皮币以外，朝廷还下令造三种银锡合金铸币：第一种名"白选（或作白撰）"，重八两，圆形，上有龙纹，价值三千；第二种比第一种重量稍轻，方形，币面花纹画的是马，价值五百；第三种又比第二种小，椭圆形，币面花纹画的是龟，价值三百。这几种银币无疑是虚价货币，因为官方铸行它们以后不久，就出现了"吏民之盗铸白金者不可胜数"的现象。

此后五年，据司马迁记，犯盗铸金钱罪者多达百万人以上，其中多数都应是盗铸白金币的。显然，官方铸行此币是为了变相增加财政收入。尽管如此，这几种银币却是见于记载的我国最早的银币（近年曾出土战国时期的银质布币，但文献中没有记载），可惜这几种银币在考古发掘中从未有发现。

五铢钱的确立

汉武帝即位前，汉朝通行的是半两钱，然而当时的半两钱已不是秦国或秦朝时的半两钱，而是重四铢（半两应为12铢）的减重钱。这种钱有钱文（即面额）与实重严重脱节的问题。

汉武帝建元元年（前140）铸行钱文与实重统一的三铢钱。但不知由于何种原因，建元五年（前144）又废止三铢钱，恢复使用四铢半两钱。到了元狩四年（前119）再行三铢钱，次年改铸行五铢钱。

五铢钱重量与钱文一致，两面都有轮廓。五铢钱的铸行在中国钱币史上具有重要意义，这标志着行用了100多年的半两钱终于被废弃，长达700多年的"五铢钱阶段"由此发端。

五铢钱铸行前后，奉行轻重理论的桑弘羊等掌握了汉王朝的经济财政大权。他们在货币发行方面也贯彻轻重理论，除了发行皮币、白金币以外，还突出地表现在两件事上：一是颁布"盗铸诸金钱罪皆死"的严刑峻法；二是在元鼎二年（前115）铸行赤仄（侧）钱。

关于这种钱究竟是什么模样以及为什么以"赤仄"作名字，目前意见分歧。有人认为"赤仄"就是边缘为红色的意思，有人则认为现在出土的西汉钱币中找不到边缘与中央颜色不一的，所以所谓赤仄不过是边缘打磨得比较光滑罢了。官方规定每枚赤仄钱折合五枚五铢钱，所以赤仄钱大约是一种虚额大钱，官方发行它主要是为了聚敛财赋。两年后赤仄钱发生贬值，终被废弃。

赤仄钱被废罢以后，汉朝又把注意力放到五铢钱上来，这次完全禁止地方铸钱，把铸币集中于"上林三官"。这可能也是根据桑弘羊等人的建议。所谓上林，即指上林苑。所谓三官，就是指设于上林苑的三

大泉五十（铁），新（9）王莽铸造

壮泉四十（铁），新（10）王莽铸造

个官署，究竟是哪三个官署，看法不一，一般认为是均输、钟官、辨铜令。

官方规定"天下非三官钱不得行"，过去铸的钱一律回收重铸，由"三官"监铸五铢钱。这次集中铸币产生了积极效果。由于三官监铸的钱工艺水平较高，"唯真工大奸"才能盗铸，民间盗铸获利小风险大，所以在一段时间里杜绝了盗铸现象。由于这时白金币、赤仄钱等虚额币都已停止使用，全国统一地行用这一种五铢钱，所以以往货币上的混乱局面得到扭转。

据《汉书·食货志》记："自孝武（即汉武帝）元狩五年。此是初次铸行五铢钱的时间）三官初铸五铢钱，至平帝元始中（1—5），成钱二百八十亿万余。"如果所记不误，则当时铜钱的供给可算是充足了。

王莽改币制和东汉时期币制

钱币由兴盛转向衰落，表现是多方面的，主要有贵金属退出正常流通领域、实物货币的广泛流行、货币秩序的混乱等。

改币制

我国钱币史上的第一次由盛到衰的变化，应该说是从汉武帝摧残民营商业开始的，但起初表现并不明显，钱币走向衰落表面化，是从王莽篡夺政权并改变原有币制开始的。王莽新朝存在时间很短，在中国钱币史上的地位却比较重要。

王莽的"新经济政策"。要了解王莽推行的货币制度，必须对王莽政权的建立及其推行的经济政策有通观的了解。

王莽是汉朝皇室的外戚，他野心勃勃，元始五年（6）将汉平帝毒死，另立汉宣帝的玄孙孺子婴为皇帝，自封"摄政"，改年号为"居摄"。王莽做了摄政并不满足，因为他的最终目的是要做皇帝，所以他做摄政三年以后就迫不及待地把孺子婴赶下台，自己正式做了皇帝，改国号为"新"。

王莽自幼拜儒者为师，穿儒生的衣服，办事常常引经据典，即所谓"每有所兴造，必欲依古得经文"。他在掌握了政权以后，就实行大规模的"改制"。他的"改制"也是在复古尊经的旗帜下进行的。

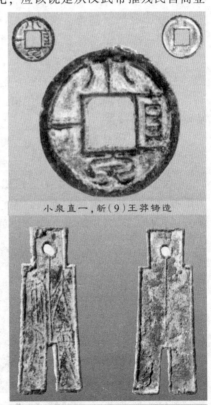

小泉直一，新（9）王莽铸造

大布黄千，新（10）王莽铸造

他在做了皇帝以后，任命大儒刘歆为国师，协助他"改制"。然而实际上，他在经济上推行的"新制"，却主要是与轻重理论相联系的，或者可以讲，他改制的主要政治依据，是披上了儒家外衣的轻重理论。他的"新经济政策"可以简单地概括为一句话，即在土地所有制上实行"王田制"，在其他方面实行"六管"。

王田制　即土地国有实行王田制后，禁止土地买卖，由国家统一安排土地的使用。这项政策主要是依据儒家的井田制理论，与轻重理论关系不大。

六管　即对铸钱、五均赊贷、酤酒、盐、铁、山泽（一说盐、铁为一事，另有布帛）六个方面的事务实行国家管制。如何管制呢？除铸钱一事下文详述外，先对其他五事略作介绍。

五均赊贷是六管中内容最丰富的一项，王莽声称推行它的目的是为了"抑并兼"。所谓五均，实际就是讲要平抑物价。具体做法：在各地设五均官吏，根据朝廷规定的基准物价（市平）贱买贵卖，调剂市场。所谓赊贷就是官方经营赊贷钱物。有关城市工商税收等，也被纳入五均赊贷范围。

酤酒、盐、铁三项，具体做法虽有改变（如官卖酒规定了本三利七的定价办法)，但大抵不过是汉武帝时的榷酒、榷盐、榷铁的翻版。所谓山泽，新朝规定，凡从事打猎、捕鱼、畜牧者，以及从事桑蚕纺织缝补业的妇女，须向官方登记入册，按纯收入的十分之一纳税。

王莽还下令"禁不得挟铜炭"，前文已述，贾谊曾建议实行铜禁，未被采纳，王莽这一规定，成为我国官方正式实行铜禁的开端。

显然，六管的大部分内容不但同轻重理论紧密联系，而且有许多是对汉武帝经济政策的继承。

大钱、金错刀和契刀　居摄二年（7），王莽推行新的货币制度，即在保留五铢钱的同时，又发行三种钱币：一是大钱，它与五铢钱形状相近而尺寸较大（相应地也较重)，每枚价值为五铢钱的50倍。二是金错刀，它的形状与先秦的刀币接近，但有一重要的不同，即它的刀头很大，实际上刀头与普通五铢钱形状几乎一样。因为它的币文用黄金填充，所以称金错刀。每枚金错刀值五铢钱五千。三是契刀，它的形状与金错刀接近，但没有用黄金填字，币文表示官方规定的它的价值，即"契刀五百（每枚值五铢钱五百)"。王莽又下令，禁止列侯以下的人拥有黄金，现拥有者一律缴官。

金错刀形象奇特，工艺精美，后人很珍爱，文学作品中常常讲到。如东汉张衡《四愁诗》中有："美人赠我金错刀，何以报之英琼瑶"的名句（有人认为其中"金错刀"是指装饰有填涂黄金花纹的宝刀，但"美人"赠人宝刀似不如赠人珍爱物更合情理，且与下文"英琼瑶"更相称)。杜甫《对雪诗》讲："金错囊徒罄，银壶酒易熔。"韩愈《船》诗讲："尔持金错刀，不入鹅眼里。"又《潭州泊船》讲："闻道松醪贱，何须酱错刀。"杜甫、韩愈诗中金错刀都代指钱，不会被认为是宝刀。北宋文人刘敞请诗人梅尧臣喝酒，为了助酒兴，拿出自己珍藏的齐国刀币和王莽金错刀展示，梅尧臣写诗记此事说："探怀发二宝，太公新室钱。……次观金错刀，一刀平五千。精铜不蠹蚀，肉好钩婉全。"可见当时人们对金错刀的重视和珍爱。

货泉，新王莽天凤元年（14）铸造

六名二十八品 王莽夺了刘家的天下，做了皇帝，心里总有些不踏实，他觉得"刘"（按指"刘"的繁体字）字中包含"金"和"刀"两个字，似乎与金错刀有联系，五铢钱更是汉朝创行的，所以停止使用金错刀、契刀、五铢钱，对货币制度进行了更大规模的改变。新的货币体系更加复杂，计有"六名二十八品"。

钱。共六品："小钱直一"，直径六分，重一铢；"幺钱一十"，直径七分，重三铢；"幼钱二十"，直径八分，重五铢；"中钱三十"，直径九分，重七铢；"壮钱四十"，直径一寸，重九铢；旧有"大钱五十"。

金。只一品，以斤为单位，一斤价值一万钱。

货布，新王莽天凤元年（14）铸造

银。每八两为一流，分二品，朱提银（朱提是地名，此地盛产高质量的白银）每流价值1 580钱，其他的银每流价值1 000钱。这按"流"计的银，是否铸成固定形状，史书没有记载，现今也未发现实物。

龟。共四品：元龟，直径一尺二寸以上，价值2 160钱，折大贝十朋；公龟直径九寸以上，价值五百钱，折壮贝十朋；侯龟七寸以上，价值三百钱，折幺贝十朋；子龟直径五寸以上，价值百钱，折小贝十朋。

贝。每二枚为一朋，共五品：大贝四寸八分以上，每朋价值216钱；壮贝三寸六分以上，每朋价值50钱；幺贝二寸四分以上，每朋价值30钱；小贝一寸二分以上，每朋价值10钱；一寸二分以下的贝，不以朋计，每枚价值3钱。

布币。共十品：大布、次布、弟布、壮布、中布、差布、厚（一说应为"序"）布、幼布、幺布、小布。小布长一寸五分，重十五铢，价值100钱；自小布以上长度、重量、价值递增，至大布长二寸四分，重一两，价值1 000钱。

布泉,新王莽天凤元年(14)铸造

货通,新王莽后期铸造

上述六名中,钱、布都是铜币,且其中各品都有存世。布币的形状与先秦时期的接近,各有币文,依次为"小布一百"、"幺布二百"等,数字用的是号码数字或商用数字,例如六写作"丁",有人认为这套数字与古代筹算有联系。另外,价值一千的布货币文为"大布黄千",有文字学家解释说,"黄"是"横"的简写,而"横"与"衡"通,所以"大布黄千"就是"大布当千"的意思。

这一货币制度,突出地反映了王莽的迂腐可笑。首先,货币种类如此多,彼此关系这样复杂,实际应用必然会遇到巨大的困难。其次,各种货币间规定这样多的固定比价,这是完全违背价值规律的。我们可以看到,历史上凡是有两种货币时,官方规定了它们之间的比价以后,维持起来都是困难重重的。例如国外有实行复本位的情况,最后一般都归为失败。

中国明清时期白银、铜钱并行,官方几次想规定一个固定比价,最后都行不通。而王莽竟要维持六种货币间的固定比价,显然是根本办不到的。至于说规定比价是否合理,那就更难免有问题了。有些货币本身的等级划分也存在问题。如在实际生活中怎样区分元龟、公龟、侯龟和子龟,怎样区分大贝、壮贝、幺贝、小贝和余贝,都是困难的。试想如果交易中使用龟、贝,光凭眼睛怎么能准确地判断哪些够大贝的尺寸,哪些只够幺贝的尺寸,哪枚龟板是侯龟,哪枚龟板是子龟?这些规定真有些纸上谈兵的味道。再拿布币来说吧,布币上面有币文,标出了价值,从理论上讲是不会有问题的。但实际上,布币分十等,每等之间大小只差一分(十分之一寸),如果币文模糊,辨认起来也会遇到困难。而每等布币间的价值差,却有上百钱。

在上述钱、布中,有不少是属于虚额大钱的,所以,"六名二十八品"制度推行不久,就出现了严重的盗铸现象。王莽便立法:"一家铸钱,五家坐之,没人为奴婢。"(《汉书·王莽传》)载,由于百姓不愿使用布货,王莽又下了一道近乎可笑的命令：不论官员还是平民，凡到外地，必须携带布货，不带者，旅店驿站不得收留，关卡不准通行。官员进入宫殿，也必须携持布货。同时禁止携带五铢钱，违令者流放边远地区。

币制多变

新币制推行以后，百姓感到非常不方便，犯法的人很多。王莽只好下令停止使用龟、贝、布三种"宝货"，同时将原来的六种钱减少为两种，即只用"小钱直一"和"大钱五十"。到天凤元年（14），却又下令调整龟、贝的价值，重新加以推行，同时宣布废止两种钱，另外发行货布和货泉。货布的形状同以前铸行的布货相似，但币文为"货（右）布（左）"，重25铢，每枚折计货泉25个。货泉的形状与五铢钱相似，重量也相等。

王莽推行的货币制度及有关立法，造成了严重的后果。史书记载，每改变一次币制，就造成一大批百姓破产。犯法人数也不断增加，有数十万人，而当局实行的连坐法更使无辜者受害，真可谓祸从天降。百姓无路可走，只好揭竿而起。所以，王莽的错误的货币政策，是促使其很快灭亡的重要原因。

除了上面史书有记载的钱币外，还有两种不见记载而一般被钱币学家认定为是王莽时代的钱币。一种钱文为"布泉"，圆形，制作精美，钱文为垂针篆，后世又称它为"男钱"，说妇女佩带它可生男孩。另一种形状奇特，上部呈圆钱形，有"国宝金匮"四字；下部呈方形，有"直万"二字，所以一般称之为"国宝金匮直万"钱。这种钱的面额之大，是我国古币中罕见的。

王莽当政时间虽只有十几年，但发行货币的种类却相当多，金银龟贝之外，仅铜铸币即有环金钱、布币、刀币三大类20个品种（"布泉"、"国宝金匮直万"不计在内）。王莽的货币制度带有明显的脱离实际的主观蛮干性，同时又带有复古倒退的色彩，效果十分恶劣。但王莽时期留下的钱币品种多、工艺较为精良，却是货币收藏家们所喜欢收藏的。

衰情初显。最早的铁钱王莽新朝被人民起义埋葬了。在新朝走向灭亡和东汉王朝巩固之前，是一段混乱时期。在这一短暂的时间里，却有两个政权铸行了钱币。

在推翻新朝的斗争中，为了号召群众，人们拥立了汉朝皇族中已经沦落为平民的刘玄为天子，改元更始。更始二年（24）曾铸造五铢钱。这种钱与西汉五铢很接近，只是由于后来发现了当时铸钱的钱范，才能把这种钱同别的五铢钱区别开来。

在这一混乱时期，四川出现了公孙述割据政权，他自称蜀王，维持政权一直到东汉建武十二年（36）。《后汉书·公孙述传》记："（公孙）述废铜钱，置铁官钱。"这是关于官方正式铸行铁钱的最早记录。在此以前，也可能铸过铁钱。以前曾有铁质布币、铁半两存世或出土，但很难确定它们是官方所铸的正式钱币还是私人盗铸的伪钱，是正式行用的钱币还是专给死者用的冥币。

所以公孙述铸行铁钱，这在历史上有特殊意义。不过，公孙述铸行的铁钱是什么样子，史书没有记载，今人认识不一。有人认为是四川出土的一种币文为"五金"的铁钱，有人则认为这种铁钱文的风格不像汉代文物。有人认为可能是一种铁制五铢钱，但史书却记公孙述铸行铁钱后，当地百姓不满，流传民谣说："黄牛（指王莽）白腹（指公孙述），五铢当复。"如果公孙述所铸币文为"五铢"，民谣就不应该讲"五铢当复"。

另外从记载看，东汉也可能铸行过铁钱。晋朝人皇甫谧写的《高士传》记，东汉灵帝时，郭泰看不起史弼，史弼每次见到郭泰，都行两次礼，而郭泰还礼时只还一次。门人问郭泰为什么要这样，郭泰回答："铁钱也，故以二当一耳。"意思是说，他的礼不值钱，我同他之间，就好比是铜钱和铁钱一样，是二比一的关系，我回礼一次就等于他行的两次礼了。郭泰这样打比方，说明当时铁钱应用较为广泛，而且有了铜钱、铁钱间的固定比价。但此事只在这一处有记载，是孤证，其可靠性还有待进一步证实。

东汉时期

东汉时期是中国钱币史上一个既平淡又消沉的时期。讲这个时期平淡，是说此时期钱币很少创新。除了东汉初年沿用新莽的货泉，东汉末年出现了一些混乱现象以外，东汉大部分时间都行用五铢钱。东汉五铢钱（四出五铢除外）完全仿效西汉，以至今天要想将二者区分开来都很困难。在铸造工艺、用料等方面，也未见有明显变化。东汉甚至从未铸行虚额大钱。

汉桓帝时，国家财政异常困难，有人建议铸行大钱，结果遭到文士刘陶的反对。他讲，眼下国家的最大忧患，是百姓生计艰难，而铸大钱只会使百姓雪上加霜，对国家也无益处。朝廷采纳了他的意见，铸行大钱之议遂被搁置。

讲这个时期消沉，是说东汉时期同西汉时期相比，在钱币方面明显显示出衰退的迹象。

令人困惑不解的是，史书对有关东汉钱币铸行方面的情况的记载是那样少，不但没有留下历年铸造钱币的数额，甚至连是否经常铸币或哪一时期铸了币、哪一时期停铸，也全然没有记载。所以我们难以将东汉的有关情况同西汉作比较，但仍可从某些侧面感受到东汉相对西汉走了下坡路的趋向。

东汉铸造的平字五铢

从东汉的财政收支来看，税收中有部分征收钱币，官员俸禄也部分支发钱币，这与西汉是相同的，反映了东汉货币经济还维持在较高的水平。但是，从史书记载看，皇帝赏赐臣下钱币的数量比西汉明显减少了。有人做过统计，赏赐钱币的数量，东汉大约仅为西汉时的1/3。另外，西汉规定可以在一定范围内以黄金或铜钱赎罪，东汉时却改用缣帛赎罪了。

西汉、东汉二时期较大的差异还是在黄金的应用方面。《汉书·王莽传》载：新朝灭亡前，宫廷"黄金万斤者为一匮，尚有六十匮；黄门、钩盾、臧府、中尚方处处各有数匮"。可见当时官方黄金拥有量之大。然而到了东汉，这许多黄金似乎一下子消失了。朝廷赏赐臣下黄金的次数、数量比西汉骤然减少。西汉赏赐黄金，动辄上百斤、上千斤，而东汉通常不过数十斤。

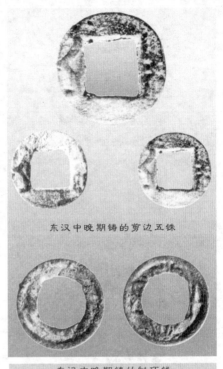

东汉中晚期铸的剪边五铢

东汉中晚期铸的綖环钱

有学者从几个角度作了统计，得出了如下结果：东汉赐金总额"只合西汉赐金总额的2%。如果以每次赐金的平均额来讲，则东汉只合西汉的22%。如果以每年赐金的平均额来讲，则东汉只合西汉的2.6%"。另外，史书记载的用黄金交易的事例也明显减少了。

对于东汉用金减少，曾引起学术界的讨论。有人认为这是用于首饰、器用等方面的黄金数量增加，有人认为是由于宗教的发展，大量黄金被用去装饰神像、法器等，有人还认为当时丧葬等用金增加等。

魏晋南北朝时期

黄金成为法定货币

中国货币经济更为严重的衰落，是在东汉以后。东汉末年，外戚与宦官迭相为患，政治黑暗，民不聊生，于是爆发了黄巾大起义。在统治者镇压黄巾起义的过程中，天下形成了诸侯割据的局面。诸侯纷争的结果，又形成了三国鼎立的局面。晋朝取代了魏，又灭掉了西蜀和东吴。

晋攻灭东吴以后仅10年，晋武帝司马炎刚一去世，统治集团内部就发生内

三国蜀铸造的直一

三国蜀铸造的定平一百

讧，随即爆发了八王之乱。动乱持续了16年，各王引北方少数民族贵族势力为援，这些少数民族贵族在自己势力扩张后各自建立政权，即所谓"五胡十六国"，西晋终被少数民族政权的军队攻灭。

东晋南迁，北方各少数民族政权纷纷建立，统称"十六国"，逐渐形成南北对峙格局。后经过百余年的混战，拓跋氏北魏终于统一了北方。此前和此后，北方政权与东晋南朝的战争时起时伏，持续不止。北魏后来分裂为东魏和西魏，东魏变成北齐，西魏变成北周，东魏与西魏、北齐与北周间的战争从未停止。伴随政权更迭，往往也有动乱和厮杀。

南朝先后有宋、齐、梁、陈四个朝代。各个朝代，也都是祸乱频生。以梁朝为例，梁朝共有四个皇帝，都不得善终。梁武帝建立梁朝，晚年在"侯景之乱"中被害。梁简文帝也被侯景害死。梁元帝做了西魏军的俘虏后被杀，梁敬帝在禅位给陈霸先后被害，年仅16岁。统治者尚且如此，普通百姓在动乱中更难自保。

这样，在三四百年间，可以说是战乱时多，安定时少。当时的总人口，从东汉桓帝永寿二年（156）时的1 600余万（一说为1 060余万）户5 000余万口，骤减为唐朝初年的300余万户，就是对这一时期经济衰退的最好说明。

有时历史会出现惊人的巧合，中国钱币史上的两个著名事件的年份恰恰都是221年（一个是公元前221年，一个是公元221年）就是例子。公元前221年，秦始皇统一中国，废止战国时期多种多样的货币，实行统一币制："中一国之币为二等，黄金以镒名，为上币；铜钱识曰半两，重如其文，为下币。"于是贵金属黄金在中国历史上第一次成为法定货币，这充分说明当时货币经济的兴盛。而在公元221年，即三国曹魏黄初二年，却正式颁令停止使用铜铸币五铢钱，不是行用黄金或白银，而是"使百姓以谷帛为币"。由广泛使用贵金属作货币，到以实物谷帛为币，这无疑是一种历史的倒退。

大约是受到上述对比的启发，近年又有学者对史书上记载的西汉、东汉、晋代三个历史时期，各皇帝赏赐臣下钱币的情况作了比较，比较共分三项，即赐钱总数、每帝平均赏赐额、每年平均赏赐额，结果是三方面的情况颇为类似，大抵东汉的数都是西汉的1/3，晋代的数又是东汉的1/3。

宋代有学者在阅读史籍时发现一个有趣的现象：西汉各皇帝赏赐臣下多是黄金，而且数量巨大，动辄上百上千斤（具体情况请参见前文）；而晋朝各皇帝赏赐臣下多是绢布，数量也颇惊人，他举例说："（赏）阮瞻千匹，温峤、庾亮、苟菘、杨珧等皆至五千匹，用复唐彬、琅琊王佃等皆六千匹，王浑、杜预等皆八千匹，贾充前后至九千匹，王溶、张华、何攀等皆至万，王导前后近二万匹，桓温前后近三万匹。"

有些学者还对西汉和魏晋南北朝两时期的墓葬发掘作了比较，西汉墓葬中一般都有大量随葬的五铢钱；而魏晋南北朝时期墓葬中随葬的钱币很少，而且其中不少是汉五铢，而本朝钱币尤其少。这些对比鲜明而生动地说明了东汉、晋代和晋以后的南北朝时期相对西汉在货币经济方面的倒退。

此阶段钱币的衰落，还突出地表现在铸钱数量的减少上。东汉铸钱数量缺乏可靠的统计数字，但比西汉少是肯定的。三国时期魏国在文帝黄初二年以前虽恢复使用五铢钱，但是否铸造过五铢钱却不见记载。魏文帝既下令以谷帛为币，则自然不会再铸钱。

南北朝时铸造的续铢

魏明帝再次恢复五铢钱的使用，但此后曹魏是否铸过五铢或别种钱币，史书也未有记载。东吴、蜀汉都铸造过当百、当千的大钱，却似乎都没有铸造普通五铢钱或别种当一的小钱。从西晋立国到（刘）宋文帝元嘉初，一百五六十年，官方一直没有铸钱。宋文帝元嘉七年（430）铸行五铢钱，这是自东汉末年以来见于记载

古于阗国（2~3世纪）铸造

的第一次官方铸造五铢钱。

此后南朝各代虽陆续铸造，但数量不多，且时时间断。据郦道元《水经注·河水注》记，与东晋南北对峙的前秦，曾用两个残留的"秦始皇金人"铸钱。但前秦的钱现今不存，而且据记载苻坚原想把第三个"金人"也用来铸钱，还没运到前秦就灭亡了，可见铸的钱不多。

北朝北魏早年一直没有铸造钱币，到太和十九年（495）才铸行"太和五铢"，当时已建朝100余年。此后虽又曾铸行几种五铢钱，但数量都很少，民间主要使用前代遗留的旧钱币。北齐和北周官方也铸钱很少，而且铸造的主要是大钱。

谷帛为币

谷帛为币前有一个物物交换的阶段，在这二者之间，有一段时间人们往往用某一两种生活日用品。例如盐、粮、布匹、牲畜作为交换媒介。在中国，这种情况不明显，但我国在金属铸币甚至贵金属货币得到广泛应用之后，却出现了贵金属退出流通领域，谷帛成为法定货币的反常现象。

以谷帛作货币，在动乱时期是有其合理性的。谷是食品，帛是服用品，都是人们生活必需品，也是动乱时期最宝贵的东西，同时又是农家可以自己生产的物品。但是用谷帛作货币，弊病也是明显的，就在"以谷帛为币"的命令颁布数年之后，已发生了"巧伪渐多，竞湿谷以要利，作薄绢以为市，虽处以严刑而不能禁"的情况。早在西汉时期，当有人提出要停止使用铜钱时，反对者就已指出"布帛不可尺寸分裂"。

东晋孔琳之讲谷帛为币的坏处："谷帛为宝，本充衣食，分以为货，则致损甚多。又劳毁于商贩之手，耗弃于割截之用。"东晋人索辅专门批评以帛为币，说："裂匹以为段数，缣布既坏，市易又难，徒坏女工，不任衣用。"他们的批评都很有说服力，但是在晋以后谷帛却仍然长时期地被用为货币。

《宋书·刘秀之传》记，刘宋前期，"汉川（今陕西南郑一带）悉以绢为货"。《隋书·食货志》记："梁初，唯京师及三吴、荆、郢、江、湘、梁、益用钱，其余州郡，则杂以谷帛交易。"陈朝"承梁丧乱之后"，"兼以粟帛为货"。北齐"冀州之北，钱皆不行，交贸者皆以绢布"。其他史籍也记载了类似情况，只是被排斥的铜钱被请回来以后，就由原先的谷帛为币变为钱、谷帛同时为币。

在谷、帛二者之间，"谷"价低质重，不便应用，所以似乎用"帛"的场合更多。前文讲到晋代皇帝以绢帛代金钱赏赐臣下，其实不只晋代，整个南北朝甚至隋唐时期都时常有赏赐绢帛的情况。不但赏赐绢帛，而且官兵俸禄也部分地支给帛，北齐时甚至以匹帛定俸禄等级，如规定"官一品每岁禄八百匹"，"九品二十八匹"等。支出用帛，相应地税收也往往征收帛。官方还用帛来量刑，如规定偷盗物品折合帛若干匹就判什么罪等。南朝萧齐的竟陵王萧子良甚至讲："钱帛相半，为制永久。"

劣币开始泛滥

剪廓钱的流行在我国钱币史上是一很奇特的现象。所谓剪廓钱，即指把完整的钱（通常是五铢钱）剪掉（实际是用专门工具冲凿）外沿一圈后的剩余部分，当时它们竟也大量地用于流通。洛阳烧沟东汉晚期墓葬中一次便出土剪廓钱 2 000 枚。东汉以后，魏晋南北朝时期，这种剪廓钱也长期作为钱币使用。人们一般认为，被剪凿下的部分被用以另外铸钱，所以剪廓钱就是一种减重钱。

但令人费解的是，当时人们为什么不采取销熔旧钱改铸减重钱的办法，而采取这样一种看来笨拙的办法呢？出土的除这种剪廓钱外，还有被冲凿下的五铢钱的环形外圈，它们是否像剪廓钱一样流通，看法不一，由于它们出土数量远远少于剪廓钱，许多学者认为它们不用于流通。

汉献帝初平元年（190），袁术、曹操等起兵讨伐董卓，董卓挟献帝入长安，铸行小钱，据说董卓不但下令销熔五铢钱，而且将洛阳和长安的铜人、铜马、铜乐器等都销熔用以铸造小钱，其中还包括秦始皇令人铸的"金人十二"中的九个。

据《三国志·魏志》记载，董卓铸行的小钱"大五分，无文章，肉好无轮郭（廓），不磨䥴"。显然是既轻小，又粗劣，没有钱文的钱币。这种钱币自秦统一以后似乎是第一次出现。

东晋多用孙吴时的旧钱。大的叫比轮，大约是孙吴时铸的大钱，人们夸张它大如车轮，所以称为"比轮"。中的叫四文，今人尚未搞清指的是哪种钱，"四文"的含义是什么。当时还流行一种钱，被称为沈郎钱，据说是本朝沈充在吴兴起兵响应王敦叛乱时铸造的，又轻又小。这种钱在南北朝时期多有仿造，影响较大，于是沈郎钱成为劣币的代称。由于沈郎钱又轻又小，在文学作品中又成为榆荚的代称，常常见诸诗文。例如"谢家轻絮沈

三国孙吴铸造的大泉二千

三国孙吴铸造的大泉五千

东晋元帝大兴年间（318—321）沈充铸造的沈郎五铢

东晋十六国后赵铸造的丰货

郎钱"、"绿榆枝种沈郎钱"等。

南北朝时期劣币时时泛滥，有"对文"、"鹅眼"、"延环"、"生涩"等许多名目，今人已难以弄清这些名目的确切含义。北朝人说他们那里的劣币"薄似榆荚，上贯便破"，"风飘水浮"；南朝人则讲他们那里的劣币"一千钱长不盈三寸"，"入水不沉，随手破碎"，"十万钱不盈一掬"。这些显然带有文学夸张色彩的语言，生动地说明了劣币的轻小和质次。

大钱与铁钱 大钱实际也是一种劣币，因为它们的面额与实际价值相差悬殊。大抵大钱是官方财政匮乏和币制混乱的表现。魏晋南北朝时期铸行的大钱是较多的。前文已述及，三国时期蜀汉和孙吴都铸过大钱，蜀汉铸行的大钱是直百五铢，开始时直百五铢重约八克，此后随着财政状况的不断恶化，它的重量也不断减轻，最后竟至轻到一克以下。

吕蒙白衣渡江，战胜关羽，夺得荆州，孙权赏他一亿钱，可能就是荆州库存的减重直百五铢，所以史书说赏钱虽多，"徒有虚名"（《晋书·食货志》）。孙吴于嘉禾五年（236）铸行大泉五百，赤乌元年（238）又铸行大泉当千，最后又铸行大泉五千，这样的"大面额"铜钱，在我国历史上是不多见的。

还有"太平百钱"和"定平一百"两种大钱，一般也认为是三国时期铸行的，但它们究竟是谁铸行的，目前意见不一。《隋书·食货志》上提到，南朝梁百姓私下"以古钱交易"，古钱中就有"太平百钱"和"定平一百"。近代四川、湖北、江苏等地也有出土，据说四川出土最多。"太平百钱"现今存世并不很多，但种类却相当多，形式很不统一。

从正面钱文看，字体有大篆、小篆、隶书等区分。其中"大"字有的写得像帐篷，称"篷篷太平"；"百"字有的一横两头翘起，被称为"鹿角太平"；有的把"太"写成"大"，或者改成"世"，即成了"世平百钱"。从钱背看，有的是光背，有的虽基本光背却有阴文，有的则有曲折文（被认为是水波或龟背）和星点）。钱重大的八克以上，小的只有三克以下。

关于它们的铸行者，主要有四种说法：一是认为它们是年号钱，是东吴会稽王孙亮于太平年间（256—258）铸行的。这种说法无法说明为什么这种钱会在四川较多出土。二是认为它们是晋惠帝永康元年（300）益州刺史赵廞据蜀自立时所铸。这种说法的问题是，赵廞自立只有一个多月，他怎么能铸行种类、数量那样多的太平百钱？三是认为是东吴铸行于"大泉五百"之前作为过渡。这仍然无法说明四川较多出土的问题。四是认为是东汉末年四川地区的五斗米道政权铸行，道教恰恰是宣扬"太平"的。但这种说法难以解释为什么湖北、江苏地区也有出土的情况。

由于南北朝前期官方铸钱很少，也就不见有铸大钱事。后来官方铸钱稍多，铸大钱事也随之增多。见于记载者，如北周保定元年（561）铸造"布泉"，规定每枚值五铢钱五枚。建德三年（574），铸行"五行大布"，规定每枚值布泉十枚（即值五铢钱50枚）。

大象元年（579），又铸行"永通万国"，规定每枚值五行大布钱十枚（即值布泉100枚、五铢钱500枚）。南朝梁元帝时曾铸行当十钱，梁敬帝时曾铸行当二十钱。陈朝太建十一年（579）铸行"太货六铢"钱，规定每枚值五铢钱10枚。梁武帝普通四年（523），梁铸铁钱，这是我国历史上第一次较大规模地铸行铁钱。

这次铸行的铁钱与东汉灵帝时的"四出五铢"颇为接近，钱背外廓与方孔四角有棱相连，所以被称为"四出铁五铢"。当时梁朝正要兴师北伐，大约军费不足，以此作为筹资手段之一。

公孙述铸行铁钱，行用范围仅限川蜀一隅，而此次铸行铁钱，行用范围却是我国的整个南方地区。梁武帝佞佛，几次舍身寺院，每次都由大臣用钱一亿为他赎身，钱数这样大，可能就因为是铁钱。

几种质量较好的钱及两、贯、文的出现

从三国时期到隋，官方铸行的并不只是虚额大钱、减重小钱、铁钱和其他劣币，在较为安定、正常的时期，也铸行了一些质量较好的钱币。

东晋夏国真兴年间（419—425）铸造的太夏真兴

南北朝宋文帝元嘉七年（430）始铸造的四铢

三国两晋时期是否铸行过普通小钱，史书失载。见于记载的，是刘

宋文帝元嘉七年（430）铸行四铢钱。有学者认为，这次铸钱是西晋以来第一次官方正式铸钱，表明了货币经济的初步恢复，这是有道理的。这种钱有相当数量是质量较好的。萧齐于永明八年（490）派人到四川铸造了1000多万铜钱，最后因成本高而停铸。既然如此，则所铸钱质量应该是较好的。但今人却未能辨别出哪一类钱是这次铸造的。梁朝天监元年（502）铸行"天监五铢"和"公式女钱"。两种钱的钱文都只有"五铢"二字。但前种钱有外廓和内廓（有人认为没有内廓，只有外廓），较为正规；后一种钱没有内、外廓，不太精整；但据本朝人梁桓《钱谱》和杜佑《通典》记，这两种钱都重如其文，质量较好。

南北朝宋孝帝孝建年间（453—456）铸造的孝建四铢

北魏铸行的"太和五铢"钱，工艺虽显得有些笨拙，铜质也稍差，但却较为厚重，而且流行时间较长。北魏、东魏铸行的"永安五铢"，工艺水平提高，质量胜于"太和五铢"。北齐天保四年（553）铸行"常平五铢"钱，这也是一种从外观到铜质都好、重量也足的优质钱。

有人称魏晋南北朝时期为中国钱币史上的"过渡"时期或"转换"时期，这种说法未必妥当。但这个时期钱币在某些方面确实处于"过渡"或"转换"的阶段。例如在钱文方面处于由标重钱向年号通宝钱过渡或转换的阶段，另外，在货币单位上也存在类似情况。

金银货币的出现

黄金在先秦两汉通常是以镒或斤为单位的，有时便简称"金"，以致人们对有些地方的"金"究竟是代指镒还是代指斤颇有争议。到了魏晋南北朝时期，出现了以"两"为单位的计量。最早注意到这一情况的是清代史学家赵翼，他在《陔余丛考·金银以两计》中讲："金银以两计，起于梁时。"后来人们发现，晋朝已有以两计黄金的情况。

例如，《晋书·王机传》载，曾犯有重罪的杜弘"送金数千两与（王）机，求讨桂林贼以自效"。又如，同书《孝愍帝纪》记灾年"斗米金二两"等。黄金以两计，影响白银也以两计。如《十六国春秋》记大灾年，肉一斤值银一两。《梁书·羊侃传》载太清二年（548）"诏送金五千两、银万两"等。但有时也仍用斤计量，如《周书·柳庆传》载："有贾人持金二十斤，诣京师交易。"于是

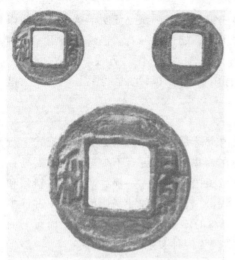

南北朝宋孝帝大明年间（457—464）铸造的大明四铢

金银计量，"斤"、"两"混用，这显然是从先秦两汉以"镒"、"斤"为单位到唐宋以"两"为单位的一种过渡。

魏晋南北朝时期，铜钱的单位也有变化。先秦两汉，单个铜钱没有名称，讲到钱，通常是说若干钱；此时期单个钱开始称为"文"，讲到数目较小的钱，就讲钱若干文。这一变化似乎还只是名称的变化，不牵扯计量单位，而"贯"的出现却是计量单位发生了变化。

先秦两汉讲到数目较大的钱，习惯以"万"计，讲钱若干万；魏晋南北朝时期出现了"贯"这一计量单位。较典型的事例是《殷芸小说》所记述的如下的故事：有几个朋友聚会，有人说自己想当官，做扬州刺史；有人想发财，拥有家财万贯；有人希望成仙，骑鹤飞上天界；第四位心最贪，三样都想要，他希望"腰缠十万贯，骑鹤下扬州"。这里就是以"贯"为钱的单位的。另《魏书·徐謇传》载"赐钱一万贯"，《夏侯阳算经》："有金一斤，直钱一百贯"等，也是用"贯"计钱较早的例子。

银以两计、钱以贯计，对后世影响深远，而且有其合理性。金银价较贵，以斤计显然不如以两计更合适。

南北朝宋废帝景和元年（465）铸造的景和

南北朝宋废帝永光元年（465）铸造的两铢

唐宋一直到明清，白银始终以两计，形成银两制度，充分证明了这一点。钱以贯计，也是适合中国中古时期的具体情况的。如粮食一石、银一两、绢一匹的价格通常都是在数百文到数贯之间浮动，显然"贯"比"万钱"更适合计量。钱的"贯"和白银的"两"一样，也一直用到清末（后世的"缗"、"串"大抵是"贯"的同事异名）。

新疆等边疆少数民族地区的货币

在这一历史阶段，虽然在全国范围内衰落是总趋势，但历史是螺旋式上行的，在衰落中也孕育着新的跃进，另外一些局部，更有不少进步。和阗马钱的出现或许就是一个例证。1873年，一位英国探险家——福赛斯在中国新疆和阗发现了一种以前人们从未留意的奇特钱币，它是一种冲制钱币（中国古钱中以前还没有发现有冲制钱币，它们都是浇铸的），钱币中央没有穿孔，而有马的图案，周围有汉文和拼音类（当时尚不清楚为何种文字）两种文字。

这一发现引起了人们的极大兴趣。此后，这种钱币不断被发现收集，到现今已存世数百枚。随着数量的增多，人们发现它们彼此间有不少差异，经仔细分析，人们断定，这些钱币不是同一模具在同一时期内制造的。如钱币中央有带马的图形的，也有不带的，有的则是骆驼的图形。币文有多有少，字体也有不同。从重量和大小上看，这种钱币大抵可分为两等，它们多数为铜质，个别也有铅质的。

引起人们最浓厚兴趣的还是它们的币文，其汉文部分通常为"六铢"、"铜钱重廿四铢"，另外一种文字经专家研究，被确认为怯卢文，于是这种钱币有了更为恰当的名字：汉怯二体钱。所谓怯卢文，是公元前3世纪到5世纪流行于中亚地区的一种拼音文字，中国古代佛经译为"怯卢虱托"，省称"怯卢"。

后来有好几个民族用怯卢文字母拼写自己的语言，古代的于阗是其中之一，怯卢文字母成了几种语言的公用字母。汉怯二体钱被确认为是古于阗国的钱币，其中常见的怯卢币文被初步释读为"大王、都尉之王秋仁之"、"大王、众王之王、都尉之王秋仁之"。当然也有争议。争议最多的还是这种钱币的铸行时间，现在一般倾向于限定在东汉后期到南北朝时期。

这种钱币是我国新疆地区自己铸造的最早的钱币，它们是新疆地区各族人民同中原地区人民亲密关系的历史见证。由于这种钱币制造工艺明显受到古罗马的影响（因为古罗马钱币是冲制的），所以，它们又是研究古代中西关系和丝绸之路的重要历史资料。

从币文看，当时新疆地区明显受到中原文化的影响，由此人们难免会作一种推测：新疆和阗地区发行这种钱币，是不是也同春秋战国直至西汉前期的商业大潮有关，可不可以视为这一大潮的余波呢？

年号钱与币文艺术

中国铜钱自汉武帝时期以后就进入了五铢钱时代，五铢钱一直使用到隋朝灭亡。在这 700 多年时间里，虽然五铢钱一直居主导地位，但也并非没有流行过别种钱币，前述各种大钱就都不是五铢钱，小钱中也有突破五铢钱的樊篱的，其中尤其引起后人注意的是最早的年号钱的出现。西晋王朝衰亡后，不少地区出现了割据政权，即历史学家所谓的"十六国"。

作为十六国之一的后赵，在开国君主石勒自称赵王的那一年 (319) 铸行钱文为"丰货"的钱币，率先打破五铢钱的成式。随后，四川成蜀的李寿，在改国号为汉以后，于汉兴年间 (338—343) 铸行了钱文为"汉兴"的小钱（仅重一克多)，这种钱虽铸行量很小，却是中国最早的年号钱。南朝宋孝武帝孝建元年 (454) 也铸行了一种年号钱——孝建四铢钱。孝建四铢钱面文为"孝建"，背文为"四铢"，后来铸的没有了背文，仅余下正面的"孝建"二字。孝建四铢钱开始行用不久就出现了减重现象，到后来实际成了二铢钱。与减重孝建四铢钱形式相近，今存有"永光"、"景和"两种年号钱。

永光、景和都是刘宋前废帝的年号，而且是同一年 (465) 的前后两个年号。所以，这两种钱是同一年铸行的，行用时间很短，数量极少。北朝魏孝文帝太和十九年 (495)、魏孝庄帝永安二年 (529) 也分别铸行了"太和五铢"、"永安五铢"这两种年号钱。当然，将上述几种年号钱同北宋以后的年号钱比较，就会感觉二者之间存在明显差异。汉兴、孝建等钱钱面只有两个字，即年号；太和、永安等钱除了年号以外又有"五铢"二字。而北宋以后的年号钱钱面却有四个字，除了表示年号的两个字外，另外两个字一般是"元宝"或"通宝"。

此外，钱币的形式也有明显差异。尽管如此，仅就以年号为钱文这一点讲，汉兴、孝建等钱仍是创始者，而方孔圆钱钱文由二字到四字的变化，也是出现在这一时期。

王莽新朝以后到隋朝，虽然在中国钱币史上是一个发展相对迟滞的时期，但在铸钱工艺方面却取得了一些明显的成绩。我国古代铜币中的精品，其中有相当一部分出自这一时期。王莽新朝的货币制度脱离实际、复古倒退，并不足取，但莽新朝铸行的钱币的外观却是相当精美的，有些特别精美者简直就像是机制币，显示出当时的铸钱工艺水平是较高的。

南朝的陈朝钱币和北朝的周朝钱币都异常精美，钱文书法都采用一种近乎玉筋篆的字体，外缘匀窄而有内廓。北周"永通万国"钱篆法华美纯熟，被认为是东汉以来钱中之冠。应当指出，此时期的精美钱币，一般都是大钱，这也是必然的，因为只有价值大的钱币才有可能提高生产成本、精工细作，同时，官方为了防止私人盗铸，也不得不把大钱造得比一般钱币精美。这使人联想到后来我国钱币制造工艺的落后，除了政治上和经济上的原因之外，与西方各国较多地铸造金银币，而我国在中古以后却一直铸行贱金属货币有重要联系。

隋朝时期

隋朝结束了我国南北对峙的局面，在汉族居住区又一次实现了统一。隋朝前期，政治较为清明，社会较为安定，经济得到迅速恢复和发展，这为结束长期以来币制混乱的局面提供了条件。

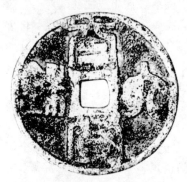

早在东魏末年，当权的高澄就企图整顿币制，他拟定了三项措施：一是回收旧钱，铸造合格新钱。二是规定钱的标准重量，于"京邑二市、天下州镇郡县之市，各置二秤，悬于市门"，凡是不合重量标准的或掺杂铅锡的钱，一律不准入市交易。三是奖励检举行用劣币者。但他不久去世，这些想法没能实施。

隋文帝整顿币制，在不少方面借鉴了高澄的想法。他也是先下令铸行一种质量较好的钱，这种钱于开皇元年（581）开始铸行，钱文为"五铢"，"重如其文"。随后，开皇三年，下令颁给京师四面的各关卡每处标准新钱一百文作为"样钱"，凡携钱入关者，必须以所携钱与样钱比较，凡不合标准的钱一律没收，熔化为铜。

隋大业年间墓葬出土"太货六铢·生肖"钱

开皇四年，下令禁止使用前代旧钱。如果发现有人行用，扣发当地县令半年俸禄。这样，长期以来各代钱币混用的情况得到根本改变，即史书所谓"自是钱货始一"。为了防止私人盗铸，官方又规定禁止私人采掘铅锡矿。此

隋文帝开皇元年（581）始铸造隋五铢

后，官方又努力扩大官府铸钱规模，并几次大规模查禁劣币。除京师四周各关卡外，又在外地各州的市场和商业区内悬挂样钱，并张榜公布有关条例。有时还突击性检查市场和店铺里的钱币，把不是官铸的钱币没收。

于是私人盗铸现象及劣币在一段时间内被杜绝。这一情况从近年的考古发掘中也得到证实，在隋以前的墓葬中，随葬钱币一般都是几个朝代的钱混杂在一起，而隋代墓葬中随葬的基本都是本朝铸行的钱币。

另外，隋朝铸造的五铢钱，在我国南方、北方许多地方的考古发掘中都有发现，说明隋五铢钱流行是很广泛的。

这里应讲到钱币收藏家们喜欢的隋代白钱。在隋代官方铸行的五铢钱中，有一类颜色发白的钱，被称为白钱。这种钱大约含锡铅较多，但制作工艺却较高，显得精致规整，钱文书法也颇美。有人认为它们是杨广做晋王时主持铸造的。

隋朝整顿币制颇见成效，然而好景不长，在隋炀帝即位以后，政治转向黑暗，各种社会矛盾尖锐化。随后，统治集团内部分裂，农民起义爆发，整个国家又处于动荡之中，隋王朝在混乱中被推翻了。在短暂的纷争以后，唐王朝建立，中国历史出现了巨大的转折，中国钱币史也翻开了崭新的一页。隋朝整顿钱币的成果虽然没能保持，但这次整顿却为唐以后币制改革创立了先例，成为货币结束混乱走向正常化的良好开端。

唐朝时期

随着隋朝被唐朝取代，中国历史上一个分裂与动荡的阶段结束了。自从东汉王朝灭亡以后，中国就陷入长时间的混乱状态。开始是农民起义与统治者镇压农民起义，随后是军阀混战，又后是三国争衡。本来三国归晋给人们带来了安定的希望，但这希望不久就破灭了。几乎在晋统一的同时就开始了统治集团的争斗，最终导致"八王之乱"。

在西晋灭亡以后的300年间，有南北对峙，有地方割据，政权的更迭时时发生，统治集团的成员们像是染上了"战争狂"、"残杀狂"，对内的争斗与对外的战争几乎从未停止。"人祸"不止，"天灾"也显得异常多，于是人口

唐高祖武德四年（621）始铸造的开元通宝（金）

大幅度减少,经济发展迟滞。这种情况到了隋代出现转机,但隋朝很快灭亡。唐王朝的建立和巩固终于使中国的经济发展走出了低谷。

讲中国的历史,人们往往特别称道"汉唐",汉朝和唐朝,确实是我国历史上较为兴盛发达的两个朝代,而唐朝在许多方面又超过汉朝。唐朝疆域辽阔,国势强盛,政治较为清明,与外界有广泛交流,经济的发展是比较迅速的。继它之后的北宋,疆域虽然不如唐朝广大,国势也不如唐朝强盛,但对内的统治较为宽松,经济的发展似乎并不比唐朝差。唐、宋两代是中国经济史上重要的发展阶段,许多经济上的重要变化都是在这一时期发生的。

中国先秦两汉时期商业活动的一个重要特征,是交易活动被限制在"市"内进行。所谓市,在这一时期中就是一个由墙或栅栏围成的矩形场地。市有市门,有士兵把守,市的周围也有士兵巡查。市内有市楼,市楼是市的长官办公处,同时也是监视整个市的交易活动的制高点。官方规定,所有交易活动都必须在市内一定时间里进行,禁止在市以外的地方进行商业活动。

唐代这种封闭式的市和交易必须在市内进行的规定虽存在,但时时被破坏。到了宋代,这种市的格局和关于市的规定完全被打破了,商业活动在时间上和空间上都不再受任何限制。于是商业街出现了,早市和夜市出现了,商业呈现出前所未有的繁荣景象。与此同时,官方对商业的态度也有所改变。这是因为,唐宋时期各种官商分利的经济活动展开,官方从这些活动中获得了巨大的利益。

唐代宗大历年间(766—779)铸造的大国元宝

唐宋时期是我国商业发展史上的一个重要转折时期,自从汉武帝以后长期处于消沉的商业重新显出勃勃生机。

城市的发展也是推动商业和货币经济发展的重要因素。中国中古时期的城市虽然不同于欧洲的城市,没有自治权,但它们却名副其实地是所在地区的政治、经济中心,一般都地处要津,交通便利,它们的人口众多更是同时期欧洲城市所不能比

唐德宗建中年间(780—783年)铸造的建中通宝

拟的。不少城市的人口超过 10 万，京师的人口甚至超过百万。除了大城市以外，唐宋时期还出现了众多的中小城镇。城市人口的增加提供了巨大的市场，促进了商品生产和交换的发展。

"通宝"取代"五铢"与贵妃的甲痕

唐朝建国伊始，于武德四年（621）铸行"开元通宝"钱，取代隋朝的五铢钱。这在中国钱币史上具有重要意义，它标志着纪重钱币时代的终结，也标志着在六七百年间，一直占据主导地位的五铢钱最终告别流通领域。

按规定，开元通宝钱重二铢四絫，每十文重一两。这对我国的度量衡制度产生了意想不到的影响，因为以往的重量制度，每 24 铢为一两，每 16 两为一斤，都不是十进制，实际应用颇不方便。自从有了十文钱重一两的规定以后，"钱"逐渐演变成为一种重量单位，而"铢"这一重量单位逐渐被舍弃，这显然是衡制的一大改进。

然而，关于开元通宝钱的名称即钱文的读法，却存在不同认识。本来，新旧《唐书》的《食货志》都称这种钱为"开元通宝"钱，而成书于五代末年的《唐会要·泉货》明确写道："武德四年七月十日，废五铢钱，行开元通宝钱……其词（按指钱文）先上后下次左后右读之。自上及左回环读之，其义亦通，流俗谓之'开元通宝'钱。"

这里明确讲钱文读为"开通元宝"是"正宗"，读为"开元通宝"是"流俗"做法。再从字义上分析，读为"开通元宝"解释起来较顺，因为"开元"就是"开国"或"开辟新纪元"的意思，早在东汉，班固就讲过"大汉之开元也夺布衣以登皇位"的话。但是，后来有人发现，唐代人写的《唐六典》和《通典》都称这种钱为"开通元宝"钱，于是便认定新旧《唐书》和《唐会要》的记载有错误。有人则认为错的不是新旧《唐书》《唐会要》，而是《唐六典》和《通典》，这样就有如上两种对立的看法。

唐代的铜钱（少数大钱除外）形式比较单一，尤其是钱面的币文，粗看起来近乎千篇一律，写的都是"开元通宝"四个字，字体也颇相近（尽管细看则有"左挑"、"右挑"、"双挑"等差异）。如果说唐代铜钱形式还有些什么引人注意的变化的话，那就是在铜钱的背面，有些有所谓"甲痕"，另一些则标有铸造地名。

唐玄宗时人郑虔写的《会粹》记载：欧阳询最初向皇帝进献蜡制钱样时，文德皇后无意中在蜡样上掐了一下，留下了一个指甲痕。负责铸钱的官员和工匠不敢妄加改变，于是铸出的钱背上便都带有月牙形甲痕。这一说法在以后撰写的书籍中多次被重复或引录。然而这种说法中存在一些问题：进献钱样的是欧阳询，应该是武德四年（621）初次铸行开元通宝钱的时候。

当时的皇帝是唐高祖而不是唐太宗，所谓文德皇后却是唐太宗的皇后长孙氏，当时还不是皇后，不具备皇后的权威。其次，假如如上所述是欧阳询最初进钱样时就使钱样带上了指甲痕，则此后唐朝的开元通宝钱钱背上便应都带上指甲痕，然而实际上带有甲痕的钱在年有开元通宝钱中只是少数。大约生活于五代的凌瑶，在他写的《唐录政要》中也记载说，开元通宝钱背的月牙纹是皇后的指甲痕，但留下指甲痕的不是文德皇后，而是唐高祖的窦皇后（太穆皇后）。

唐高宗乾封元年（666）铸造的乾封泉宝

这种说法似乎有较前种说法合理的地方，因为窦皇后是唐高祖的皇后。但北宋大史学家司马光又指出了其中的毛病，即武德四年铸行开元通宝钱时窦皇后已经病逝，不可能在钱样上留下甲痕。北宋时（或许较早）又出现了第三种说法，即讲留下甲痕的既不是文德皇后，也不是太穆皇后，而是风流倜傥的唐玄宗的杨贵妃。

这种说法晚出，文学传奇色彩较浓，似乎可信程度较差。尽管三种说法都有毛病，但它们全都讲钱背上的月牙纹是甲痕，眼下要完全否定甲痕说似乎还显得证据不足。

除了甲痕说以外，近年有人又提出两种新见解。一种是讲，西方古罗马曾铸行过背面带星月纹的银币，并曾流入中国；波斯帝国在六七世纪也行用过带星月纹的银币，并曾流入中国。唐代开元通宝钱背的月牙形纹可能是受了外来的影响。

唐肃宗乾元年间（758）始铸造的乾元重宝

另一种见解认为，开元通宝钱背的月牙纹是铸钱工匠作的一种记号，用以区分及确定责任的。他们说，钱背的月牙纹不是开元通宝独有的，宋元两代不少钱币的背面都有月牙纹。总之，开元通宝钱背的月牙纹问题还是一个尚未最后解决的问题。

关于"甲痕"的记载还说明了铸钱工艺上的一个重要情况，即样钱的出现。唐初所献的蜡样，就是一种样钱。样钱也有用木料或用铜雕成的，称"雕母"。唐以后，通常在向朝廷进献样钱并得到批准后，再仿照样钱造一定数量的母钱，分配给各铸钱单位，用母钱制作土范铸钱。这样，大大增进了钱币外观的统一性。

乾元大钱与会昌钱

唐高宗乾封元年（666），曾铸行一种"乾封泉宝"虚价当十钱，因引起私铸泛滥，次年即停止使用。

安史之乱爆发以后，国家财政极为困难，于是不得不铤而走险，铸行虚价大钱。唐肃宗乾元元年（758），铸行"乾元重宝"钱，这种钱直径一寸，每贯（千文）重10斤，每枚重量约为开元通宝钱的2倍，规定价值却为开元通宝钱10文，所以这种钱又被称为"乾元十当钱"。不久，官方又铸行"重棱钱"。

唐叛将史思明铸的得壹元宝

唐叛将史思明铸的顺天元宝

这种钱钱文也是"乾元重宝"，但钱背有一宽一细两道轮廓（即所谓"重轮"），这种钱直径比前种"乾元重宝"钱大，是一寸二分，每贯重12斤（一说为20斤），每枚重量约为开元通宝钱的两倍半（如是每贯20斤，则为4倍），但官方规定的价值却等于开元通宝钱50枚。

这次铸行虚价大钱像以往一样，引起了灾难性的结果。都城长安表现尤其突出，史书记载"京师人人私铸"，几个月里因刑致死的达800多人（《新唐书·食货志》）。上元元年（760），官方宣布调整各种钱的比价，规定"重棱钱"每枚按30文计值，开元通宝、乾元十当钱每枚按十文计值，这样抬高开元通宝价值、降低"重棱钱"价值的结果，每枚开元通宝钱与乾元十当钱价值相等了，每枚"重棱钱"的价值只等于三枚开元通宝钱了。然而计算价钱有时还要按官方的荒唐规定，于是便出现了所谓"虚钱"与"实钱"的分别。

唐代宗宝应元年（762），官方又规定以一枚开元通宝钱作一文计，一枚乾元十当钱作二文计，一枚"重棱钱"作三文计，不久，又改为三种钱每枚都作为一文使用。这次"大钱风波"才彻底终了。

与此同时，叛乱一方也铸行了大钱。史思明于唐乾元二年（759）称帝，改元"应天"，随即改元"顺天"，令部下铸行了'得壹元宝'和"顺天元宝"两种大钱，面值失载。关于"得壹"是否是年号钱，记载不一，"顺天元宝"则是年号钱。

佛教在东汉传入我国，在南北朝时期非常兴盛，到了唐代前期和中期仍然保持兴盛势头。佛教的兴盛造成了许多严重的社会问题：建造寺院、佛像耗费了巨额财富，众多人出家使劳力减少、国家赋税流失，许多负担被转嫁到普通百姓头上，等等。

因此自唐朝初年以后不断有人提出抑佛、排佛的主张，其中最著名的是思想家韩愈。但官方采取行政措施排佛，最激烈的却是唐武宗搞的一次。这次排佛的具体做法：全国保留数百所寺院、数千名僧人，其余寺院一律拆毁、僧人一律勒令还俗、财产一律没收。于是被拆毁的寺院多达四五万所、勒令还俗的僧人达40万人。

与此同时，官方把这些寺院的铜像、铜器等没收，销熔改铸钱币。这次排佛是在会昌年间（841—864）进行的，所以称为"会昌排佛"；会昌年铸造的这批铜钱就被称为"会昌钱"。

会昌钱与一般唐代钱币在外形上有明显的差异，那就是钱背上铸有铸地名，如铸州名的有丹、平、襄、兴、润、越、福、宣、洪、鄂、广、桂、兖、潭、益、梓、梁等，另外，扬州用"昌"字、京兆府用"京"字、河南府用"洛"字，江陵府用"荆"字，蓝田县用"蓝"字表示。

会昌年间官方大约增加了铸钱炉，因为从钱背所标出的州名看，比唐玄宗时期铸钱的州还多。但"会昌"铸钱总共只有三四年时间，铸出的钱的数量是很有限的，所以会昌钱受到后来集币者的珍惜。

宋朝时期

唐朝与宋朝之间，有50多年的混乱时期，即五代十国时期。货币经济在这一时期暂时衰落，可以视为铜钱在走向极盛过程中的一个反复。

所谓五代，是指占据中原地区的五个小朝廷，依次为梁、唐、晋、汉、周。梁、唐两朝是否铸行过钱币，史书没有记载。今存有一种"开平通宝"大钱，有人认为是五代梁朝铸行的，但数量极少。后晋天福三年（938），曾下令允许私人按官方规定的样式、重量等自己铸铜钱，随又取消了重量限制，大约实行的效果不好，第二年又重新禁止私人铸钱恢复旧制了。

后汉和后周分别铸行了"汉元通宝"和"周元通宝"，以国号为钱文，也是前所罕见的。后周世宗也排抑佛教，"周元通宝"中也有相当数量是销熔铜佛等铸成的。

这一时期除五个占据中原的小朝廷外，南方还有多个割据政权，俗称十国。这些割据政权大部分自己铸行了钱币，有的还铸行了多种。似乎它们铸钱的积极性反而比那五个小朝廷更高些。其中南唐较为富庶，铸钱种类最多，有"开元通宝"、"唐国通宝"、"大唐通宝"三种小平铜钱，数量较多，此外还铸行了大钱和铁钱。楚国铸行有"天策府宝"、"乾封泉宝"、"乾元重宝"等。南汉铸行了"乾亨通宝"、"乾亨重宝"等。前蜀铸行了"永平元宝"、"通正元宝"、"天汉元宝"、"光天元宝"、"乾德元宝"、"咸康元宝"等。后蜀铸行了"大蜀通宝"、"广政通宝"等。闽国铸行"龙启通宝"、"永和通宝"、"永隆通宝"等。

北宋太宗至道年间
（995—997）铸造的至道元宝

这一时期由于混乱，钱币制度也较为混乱。各朝和各割据者所铸行的钱币中，大钱占的比重较大。另外，这一时期有劣币泛滥的趋向。史书记载各小朝廷时时颁布禁止劣币、铅钱、铁钱的命令（占据中原的五个小朝廷从未发行过铁钱和铅钱）。被称为十国的割据政权则铸造了较多的铁钱和铅钱。楚、南唐、闽、后蜀等都铸行了铁钱，楚、南汉、闽等都铸行了铅钱，这一时期铸行铁、铅钱的数量可能超过了前代。

说来也怪，我国很早就有用铅铸币的现象。在考古发掘中，人们曾发现有铅贝，传世的有燕国的铅质布币和刀币、西汉铅五铢、北周铅质"永通万国"钱和隋代铅质五铢钱等。对于这些铅质钱币究竟是流通币还是冥币，是官铸还是私铸，多有争论。而官方公开铸行铅钱且见于史书记载，五代的楚、闽等所铸是历史上第一次。

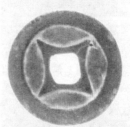

北宋真宗咸平年间
（998—1013）铸造的咸平元宝

当然，铸行铁铅钱也未必都是坏事。例如楚王马殷铸行铁铅钱就是有特定目的的。马殷认为发展商业可以富国，但当时楚国境内产品在外地不太受欢迎，所以商人从外地运商品到楚国，往往运走大量当地铜钱。马殷于是下令本国行使铁铅钱，这样，外地商人不乐接受铁铅钱，只好用它们购买楚地货物，这样楚国产品在外地就逐渐有了市场。

楚国的经济由此得到促进。这里还应当提及割据幽州的刘仁恭、刘守光父子，他们与马殷不同，他们以享受挥霍、胡作非为著称于世。他们不但铸行了"应天元宝"当万大钱，还曾经用泥土造钱，"令内部行使"。用泥造的钱是什么样的？现在尚未发现实物，倒是古往今来独一例。

年号钱、御书钱、对钱与其他

铜钱在秦朝统一币制以后，就被确定了圆形方孔的基本形状，中间虽在王莽时期被一度突破，但那只是一时的现象，铜钱的外观变化通常仅表现在两方面，一是大小，二是钱文。钱币上的文字，隋朝以前多是"五铢"、"四铢"、"三铢"，有称量货币的味道。唐代改为"通宝"，但整个唐代连同五代时期的一些钱币，钱文都是"开元通宝"，比较单一。

北宋太宗淳化年间（990—994）铸造的淳化元宝

宋代铜钱、铁钱在钱文中加入了年号，一般称为"年号钱"。其实年号钱不是宋朝的创造，早在南北朝时期就已经有了。但是像宋朝那样每更换一次年号就改变一次钱文，钱文随年号而变的情况却是前所未有过的。

北宋真宗景德年间（1004—1007）铸造的景德元宝

北宋也不是一开始就铸行年号钱的。北宋最早铸行的是"宋元通宝"钱，这种钱文显然是仿效五代汉的"汉元通宝"、周的"周元通宝"。宋朝年号钱始于宋太宗时，宋太宗即位，改年号为"太平兴国"，铸行"太平通宝"钱，这还不是很规范的年号钱。后来改年号为淳化，宋太宗亲自用行、草、真三种书体写了"淳化元宝"的钱文，宋朝的年号钱便以此为开端。皇帝亲自书写钱文，似乎这也是历史上第一次，所以"淳化元宝"也是最早的"御书钱"。

北宋真宗大中祥符年间（1008—1016）铸造的祥符通宝

"淳化"这个年号后面紧接的年号是"至道"，至道钱也有行、草、真三种书体，相传也是宋太宗亲笔，所以也是御书钱。此后不久，有一位大臣也是一位颇有名气的文人——王禹偁被贬官，写诗发牢骚说："谪官无俸空无烟，惟拥琴书终日眠。还有一般胜赵壹（赵壹为东汉人，曾写诗讲："文籍虽满腹，不如一囊钱"），囊中犹有御书钱。"他讲

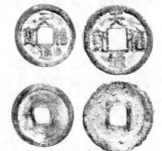

北宋真宗天禧年间（1017—1021）铸造的天禧通宝

的御书钱，大概就是淳化钱和至道钱。

宋代的御书钱不止有宋太宗书写的，还有宋徽宗书写的"大观通宝"等钱。宋徽宗书写"大观通宝"等用的是"瘦金体"书法，挺拔秀丽，在钱文书法上堪称一绝。

宋真宗以后，年号钱相沿成例，大约是受了"开元通宝"和"宋元通宝"钱文都有两种读法（即又可读为"开通元宝"和"宋通元宝"）的影响，宋代的年号钱钱文往往有"通宝"和"元宝"两种。但有时遇到特殊的年号，如年号中带"元"字、"宝"字或年号为四个字，就出现特殊的钱文。

如宋仁宗有"宝元"的年号，所铸钱的钱文就变为"皇宋元（通）宝"；宋徽宗时有"建中靖国"的年号，钱文就变为"圣宋元（通）宝"，南宋理宗时有"宝祐"年号，钱文就变为"大宋元（通）宝"。遇到年号中有"元"字，则此时期所铸钱的钱文就只有"通宝"而没有"元宝"。宋朝年年铸钱，所以绝大多数年号都可以找到相应钱文的钱，只有极少数例外。

所谓对钱，又称对子钱，原本是指两枚钱除书体不同外，钱文内容、钱体质地、钱的大小厚薄重量、穿孔、轮廓阔窄、文字大小位置等都彼此相同或十分接近。五代十国时的南唐铸行的"开元通宝"钱，形制基本相同的钱有篆书和隶书两种，成为最早的对钱。

宋朝铸行的对钱很多，几乎每种年号钱中都能找到。有时，在各方面符合对钱要求的一些钱中，我们可以找到钱文为行、真、草或行、篆、草以及行、真、篆、草等三种或四种书体的钱，人们可以将它们中任意两个组成对钱。例如南唐铸行的"唐国通宝"钱中，就能找到形制基本相同而钱文分别为篆、楷、隶体的钱。宋代铸行的这类钱就更多。在这一意义上，对钱也可以看作是其他方面相同而只有钱文书体不同的一组钱币。

北宋太平兴国年间（976—984）铸造的太平通宝

宋代铜钱、铁钱的钱背也是多种多样的

光背、有廓背最为质朴，宋代较为流行。钱背纪地、纪监是唐武宗时就有的，宋代自宋仁宗至和（1054—1056）年以后时时铸行，铁钱尤其多见，如带"陕"、"坊"、"邛"、"春"等字的。宋以前钱背偶尔可以见到带星、月、云等的，这些情况在宋代钱币中也可见到。颇有意思的是，唐代钱钱背上相传为"贵妃指痕"的月牙形痕迹，宋代钱的钱背上也屡屡可以见到。

关于北宋钱币，也有一个悬而未解的问题。铸行虚额大钱，在我国历史上是屡见不鲜的，宋朝也几次在财政困难的情况下铸行虚额大钱。宋朝铸行虚额大钱，第一次是在宋仁宗康定、庆历年间（1040—1048）。

当时西夏入侵，宋朝调大批军队到西线，又扩军备战，军费开支骤增，朝廷就下令铸行虚额大钱和铁钱，这些史书上都有记载。但是，史书上并没有讲朝廷下令停铸小平钱，而现在却见不到"庆历元宝"或"庆历通宝"小平钱。庆历共八年，八年中只铸大钱、铁钱而不铸小铜钱，这在北宋是绝无仅有的，令人感到有些奇怪。"庆历"以后的年号是"皇祐"，皇祐共六年（实际五年有余）。

据南宋史学家李焘记，皇祐年中（1049—1054）是铸了"皇祐通宝"钱的，但现在却找不到这种钱，无论是大钱还是小钱都没有。近年有人讲找到了几枚，但是真是假争论得很厉害。

皇祐年间没有铸铜钱吗？这也是颇令人不解的。有人看到"皇宋通宝"钱数量大、版别多，就推断庆历、皇祐年间铸小平钱时用的是宝元年间铸"皇宋"钱时的旧样，所以铸行的也是"皇宋通宝"钱。这种判断颇有道理，但没有文献记载证实，所以也只能说是一种推测，不能作为定论。

北宋时期是我国历史上铜钱和铁钱铸行量最大的时期。唐朝以前每年的铜铁钱铸行量缺乏准确的记载，唐朝很重视铸钱，唐玄宗时全国有 11 个州铸钱，此后最多时铸钱的州多达 20 个。唐代铜钱的年铸造数最多可能曾达到过 100 万贯，但时间很短，因为又有记载说唐玄宗天宝年间（当时是唐朝全盛时期）每年额定铸钱 30 万贯。

唐代宗后期一般年份只铸行十几万贯。宋朝在宋真宗时期铜钱年铸行量已超过 100 万贯，此后又不断增加，宋仁宗时期年铸行量达到 300 万贯。在宋朝与西夏战争期间，钱币铸造受到不利影响，但战后很快恢复，铸造量比战前又有增加。此后至北宋末年，一直维持在每年铸行 300 万贯以上的水平。铸行量最高的是宋神宗时期，当时有 17 个州设铸钱监铸钱，每年铸行的铜钱达 500 万贯以上。

500 万贯是什么概念呢？我们可以作如下的说明：500 万贯铜钱要用原料铜约 1 000 万千克，即约一万吨。西方各国年产铜一万吨还是几百年以后的事。如果我们把 500 万贯铜钱一枚接一枚地排起来，以每枚铜钱直径一寸、每贯铜钱有 770 文计，可连成 12.83333 万千米的长线，换言之，这些钱连在一起可以绕地球三周。当然，这 500 万贯铜钱中可能有一少部分是折二钱，会使钱的实际数量减少，影响总长度，但绕地球两周半总是可以的。

为了说明北宋时期铸行铜钱之多，我们还可作如下的说明：铜钱是一种"耐用品"，即是说，在正常情况下，铜钱一旦造出，它就能使用好多年。

所以，如果没人销毁，那么世上的铜钱会呈累积增加的趋势。我们现在假定北宋历年铸行的铜钱都没有被销毁，也没有外流到国外，那么到北宋末年总共应有多少铜钱呢？有人做过统计，大约应有3亿贯。据统计，北宋户口最多时约有1 000万户，平均每户30贯铜钱。当时的"钱"可说是不算少了。这还未计入前代遗留的铜钱，前代铜钱在宋代也是能"花"（使用）的，而且确实保有相当数量。

北宋铸造铜钱多，在八九百年后的今天仍有某种体现。在近年出土的古代铜钱中，北宋钱占有很大的比重。在钱币商店或者卖旧货的小摊贩处，我们见得最多的方孔铜钱，也是北宋钱币。不但国内出土的古钱币中北宋钱所占比重大，国外出土的中国古钱币往往也是北宋钱居多。

后蜀、南唐、闽等铸行的铁钱在宋初仍流行，这对宋朝铸行铁钱有直接影响。

北宋首先在川蜀地区铸行铁钱，这大约有三方面的原因：一是后蜀曾在不久前铸行过铁钱，百姓较容易接受；二是四川当时铁矿资源较为丰富；三是四川是内地与西南少数民族区接壤地，在此地区行用铁钱可以防止铜钱外流。此外，四川进入宋朝版图较晚，宋军入川遭到较顽强的抵抗，宋廷采取这项措施可能还含有报复的动机。

北宋仁宗天圣年间（1023—1032）铸造的天圣元宝

四川初行铁钱时本地还有铜钱流行，开始铁钱与铜钱等价行使，后来铜钱越来越少，二者间的比价逐渐拉开，由最初的一兑一变为一兑十以上。

由于铁钱贬值，尽管后来禁止使用铜钱，人们仍然能感觉铁钱贬值的严重，于是宋真宗景德二年（1005）铸行"景德大铁钱"，以一枚当小铁钱10枚，每贯重25斤。这种大钱过于沉重，宋真宗大中祥符七年（1014）改铸行减重大钱，每贯重12.10斤。这种钱得到长期行用。

宋仁宗时期，宋夏战争爆发。宋朝为了迅速筹措军费，就在陕西、河东两地区铸行铁钱，又于庆历年间（1041—1048）命令内地部分钱监停铸铜钱，改铸铁钱运往陕西，在这两个

北宋仁宗明道年间（1032—1033）铸造的明道元宝

地区实行钢铁钱兼行的制度。宋神宗统治时期，把陕西的铁钱监增加到九个（当时四川只有三个），陕西铸行铁钱过多，引起铁钱贬值。北宋后期，曾几次想把陕西、河东变成完全行使铁钱的地区，遇到较大阻力。

宋朝虽然只是部分地区使用铁钱，但铸行铁钱的时间却长达数百年之久，铸行数量很可能是历朝历代中最多的。宋太宗时四川每年铸行小铁钱50万贯。宋真宗时期改铸大铁钱和减重大铁钱，每年铸行21万贯。宋神宗元丰年间（1078—1085）每年铸行大铁钱80万~90万贯。

北宋仁宗景祐年间（1034—1038）铸造的景祐元宝

白银悄悄回到流通领域

唐末五代，割据丛生，加上币制混乱，铜钱、铁钱往往不能通行，信用不好，这时白银代替铜钱的情况大大增加。宋朝官方大力推行合籴买、禁榷、便钱为一的钞引制度，商人购买钞引需要支付巨额钱款，全用铜钱非常不便，官方为了鼓励商人购买，允许商人部分用金银代钱，这使白银具备了一部分法偿能力。

北宋仁宗宝元年间（1038—1040）铸造的皇宋通宝

宋代在部分地区强制推行铁钱，铁钱沉重价低，且不能出境使用，不便交易及旅行，于是这些地区民间自发地以白银作支付、流通手段。由于铜钱相对贵金属仍然有价轻体重的问题，所以在使用铜钱的地区，在进行大宗交易中，例如房地产、珠宝、书画等交易，也有时使用白银。

宋代实行地方税收按定额输送京师的制度，数额较大，为了避免铜钱过多地运往京师会造成一些地区的"钱荒"，宋仁宗景祐二年（1035）决定把福建、两广应向朝廷输送的钱就地买银输送京师。这使国家财政收入中的白银数量大为增加，也促使一些地方官府在向百姓征税时征收白银。宋廷规定地方每年要向京师输送大量财赋，而偏远、交通不便的州县多有困难。于是宋廷又规定，这些州县可以将税收中应上缴部分的实物和铜钱，转换成体积小、价值高、便于转移的白银输送京师。这也为以后的以银代税做了铺垫。

宋代矿业发展较快，官方对金银矿开采采取垄断性政策。这样，官方矿税白银收入增加，加上税收的白银，官方的白银储备增加，于是赏赐大量使用白银。有时官方向农民购粮，也用白银抵偿粮价。到了南宋，纸币贬值，铜钱缺乏，官员士兵不乐用纸币作薪饷，统治者为了使官员、士兵乐于效力，也部分地以白银作薪饷。这样，白银的货币职能越来越强。

宋代金银钱更加流行，这一方面是唐代宫廷的习惯宋朝基本继承，并加扩展（如在节日或庆典时在公开场合撒金银钱，让普通百姓争抢，或直接赏赐给普通百姓等），另外更重要的是这一风气也已影响到民间。这大约也与有关立法有关，《唐律》《宋刑统》都明确规定，允许私人铸造金银钱，这给金银钱的广泛流行提供了条件。

据《东京梦华录》《梦粱录》记，京城民间结婚，"拜毕就床"，"妇女以金钱采果散掷，谓之撒帐"。生小孩过满月，"则外家以彩画钱、金银钱、杂果以及采段""送往其家"，"亲朋亦以金钱、银钗撒于盆中，谓之添盆"。

金银钱有时也起到像普通钱那样的作用。如苏轼在惠州，当地要修西新桥，资金不足，苏轼便把弟弟送他的金钱（苏辙夫人史氏进宫时得赐）几十枚捐献作为修桥费用。又如宋徽宗退位后，离开汴京时，曾用金钱向百姓买鱼。《宋

北宋仁宗嘉祐年间（1056—1063）铸造的嘉祐元宝

北宋仁宗嘉祐年间（1056—1063）铸造的嘉祐通宝

人话本·志诚张主管》述，开钱铺的张员外的小夫人私下看上了店里的张主管，在赏赐钱时，便给了张主管十文金钱，而赏给李主管的却是十文银钱。这一情节反映当时民间使用金银钱已相当普遍。

另外，宋代佛教、道教都比较活跃，宫廷和寺观都曾铸造一些金银"供养钱"。如北宋末铸行的"神霄丹宝"钱，近年发现的"淳化金钱"也属这一类。

南宋及辽夏金时期

胆铜钱、纪年钱与嘉定钱文

前面在叙述北宋钱币时已经顺带介绍了一些南宋钱币的情况。但是南宋时期在钱币铸行上同北宋有明显的差异，有些情况有必要另外作些介绍。

南宋铜钱铸造在数量上比北宋可谓一落千丈，从年铸行三五百万贯直跌到每年只铸行15万贯上下。但同其他朝代，例如与唐代相比，这一数量也不算太少。铜钱铸行量减少的主要原因并不是由于版图缩小，也不是由于铜矿减少（当时主要铜矿产区都在我国南方，即在南宋版图内），而是由于物价上涨。物价上涨以后，采矿铸钱都成了"赔本生意"，一下子便萎缩了。

官方出于政治上的考虑，同时也为了维持纸币与铜钱的兑换率，努力经营铸钱，于是胆铜铸钱得到发展。所谓"胆铜"，是指利用自然界的胆水与铁的化学反应生产原铜的办法，用这种方法生产成本低廉，在当时世界上是很先进的。当时人有一种说法，称用胆铜铸出的钱质量不好，但今人观察南宋铜钱，却没有这种感觉。

南宋铸钱在形制上有些新变化。表现之一是纪年钱的出现。所谓纪年钱，就是自从南宋孝宗淳熙七年（1180）以后，钱背都铸出铸造年份。如淳熙七年铸的，钱背就铸"柒"字，淳熙九年铸的，就铸"九"字，嘉定十二年铸的，就铸"十二"字，等等。

这对于我们今天研究当

南宋高宗建炎年间（1127—1130）铸造的建炎元宝

时钱币提供了很大的便利，因为我们可以毫不费力地区分不同时期铸行的钱，进而深入地作比较分析。例如以前汉代的五铢钱，要弄清它们的铸行年代就很困难，由于不仅汉代有五铢钱，汉以后仍有铸行五铢钱的情况，所以我们有时竟难以确定某一五铢钱是不是汉代铸的。纪年钱就不存在这种问题。

南宋钱形制上的又一变化，是大额钱增加。北宋铸行的最大面额的钱是当十钱，而且主要是宋仁宗、宋徽宗两个时期行用，其他时间里主要用折二和小平钱，而小平钱数量又远远多于折二钱。南宋不但折二钱比例增大，而且又铸行了当三、当五、当十、当二十、当百几种大钱。其中当二十、当百两种钱史书没有记载，但存世数量较多，都是淳祐年间（1241—1252）铸造的，大约是南宋晚期财政困竭的产物。

南宋钱形制上的另一变化，表现在钱文上。南宋钱文自从绍兴年间（1131—1162）开始出现有用规范宋体字书写的，到淳熙七年（1180）以后，除大钱和铁钱外，几乎都用规范宋体字书写，这是前所未有的。另外，南宋钱相对北宋钱，在成色、大小、轻重、钱文等方面，都显示出高度的一致性，这也是很有特色的。这大约是由于北宋铸钱监较多，难以统一，南宋铜钱铸钱监很少便于统一的缘故。

宋朝钱钱文经常变动，主要是随年号改变而改变，但改变的通常是前两个字，后两个字"元宝"或"通宝"，一般是很少变化的。但嘉定年间（1208—1224）却出现了反常情况。嘉定年间铸的钱（主要是四川铁钱），大钱钱文后两字变化很多，已见到的计有元宝、之宝、永宝、全宝、安宝、正宝、崇宝、真宝、新宝、万宝、洪宝、珍宝、隆宝、泉宝、至宝、兴宝、封宝等。为什么嘉定年间钱文会有这种变化呢？史书没有记载，这又是一个难解的谜。

南宋时期，除四川地区继续行用铁钱外，又在长江以北邻近金朝的地区开辟了新的铁钱区。宋孝宗乾道元年（1165）决定在淮南、京西行用铁钱，但推行遇到困难，几经反复。为了回收淮南地区的铜钱，宋廷竟先后下了17次命令。

大约到淳熙十年（1183）以后，才真正把淮南、京西变成铁钱区。此后，又命令湖北路在长江以北的汉阳、荆门军、复州、江陵行使铁钱。

南宋高宗建炎年间（1127—1130）铸造的建炎重宝

这样，凡是与金朝邻近的地区就都使用铁钱了，这显然是为了防止铜钱流入金朝境内。

南宋时期，在铸造铁钱最兴盛时，共有 12 个铁钱监，即利州绍兴监、邛州惠民监、舒州同安、舒州宿松、蕲州蕲春、黄州齐安、光州定城、兴国军大冶、江州广宁、临江军丰余、抚州裕国、汉阳军汉阳。每年铸行 70 万~80 万贯铁钱。所以南宋相对北宋，铜钱的铸行量大减，而铁钱的铸行量却基本没有减少。

长方形的铸币

我国的金属铸币自秦以后，基本上就是圆形方孔的形状，除王莽时期以外，很少例外，但宋朝却铸行了一种长方形的钱币。

关于宋代钱牌，南宋后期人吴自牧记述道："朝省因钱法不通，杭城增造锱牌，以便行用。"（《梦粱录·都市钱会》）他所讲的钱法不通。是指南宋后期因纸币贬值造成的货币危机。当时铜钱稀少，纸币在人们心中失去威信，而且会子大面额的多，小面额的少，不便使用。据时人吕午记，民间"或为纸帖子，或为竹木牌，或作五十文，或作一百文，虽不可通行，而各处（按指本地区）行之为便"。

南宋高宗绍兴年间（1131—1162）铸造的绍兴元宝

南宋高宗绍兴二十七年（1157）始铸造的绍兴通宝

宋度宗咸淳元年（1265）官方下令"严钱法，禁民间用牌帖（《宋史·度宗纪》）。可能官方禁止民间牌帖的同时，又从民间行用牌帖中得到启发，就铸行了钱牌。吴自牧记钱牌是锱（铅锡合金）质的，元朝人孔行素却讲钱牌是铜质的，他在《至正直记·铜钱牌》中讲："宋季铜钱牌，或长三寸有奇，阔一寸，大小各不同，皆铸临安府三字，面铸钱贯，文曰壹伯之等之类，额有小窍，贯以致远，最便于民。近有人收以为钥匙牌者，亦罕得矣。"

他生活的时代距南宋后期接近，记述得颇为具体，从现在存世（包括近年出土的）的钱牌看，钱牌有铜、铅两种，铜质的有弧顶、弧底、纯长方三种。

牌面有"临安府行用"五字，牌背有纪值的文字，分为"准贰伯文省"、"准叁伯文省"、"准伍伯文省"三种。铅质牌比铜质牌小，面额有 10 文、20 文、40 文等。

近年又发现一种面额以会子为准的铅质钱牌，正面有"和州行用""使一"六字，背面有"权宜""准拾捌界贰伯"八字，和州属淮南，行用铁钱、淮交，也行用东南会子，而且以东南会子为贵，会子既稀少，大约就出现了这种代替会子的铅钱牌。

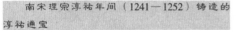

南宋理宗淳祐年间（1241—1252）铸造的淳祐通宝

南宋理宗开庆年间（1259）铸造的开庆通宝

辽、金与西夏钱

宋朝的版图不如唐朝大，当时中国境内还有好几个少数民族政权，其中较为强大的是辽、金和西夏。确切地讲，北宋时，它的北方有辽国，西北有西夏；南宋时，它的北方有金国，西北仍是西夏。辽、金与西夏都是少数民族政权，却也铸行了自己的钱币。其中金还发行了纸币，并一度铸行我国。

据记载，辽在五代时期已开始铸钱，但当时铸的钱是什么式样、以往钱谱所载此时期的辽钱究竟是否可信，争议较大。目前存世和新出土的，有辽景宗保宁年间（986—977）铸行的"保宁通宝"和辽圣宗统和年间（983—1011）铸行的"统和通宝"，如果鉴定无误，则辽铸行"通宝"式年号钱的时间甚至早于宋朝。

此后，辽大抵和宋一样，铸行年号钱，而且每改一次年号就改变一次钱文，但辽制钱工艺稍差，钱币外观和钱文都不如宋钱。辽铸行钱币的数量很少，在辽代遗址和辽代墓葬发掘中，发现的钱币大多是宋钱币或前代（如汉、唐）的钱币，本国的钱币非常稀少。又有记载说，辽景宗时"置铸钱院，年额五百贯"。

承安宝货与元杂剧中的白银　金地处北方，铜矿缺乏，铸造铜钱很少。贞元二年（1154）发行纸币，但信用不好。民间私下里便以银为币。金章宗承安二年（1197），官方铸行"承安宝货"银币，自一两到十两分五等。这是自汉武帝以后第一次以银铸币，自王莽以后第一次以银为法币。

当时官方让承安宝货与纸币、铜钱同时并行，一两宝货折铜钱二贯、钞二贯，交易中一贯以上禁用铜钱。但承安宝货还未广泛推行，就出现了民间盗铸现象，承安五年（1200）便被废止。

近年，发现了"承安宝货"的实物。1981年，首先在黑龙江阿城县白城一带（金故都上京会宁府附近）发现了第一枚，此后至1985年，先后共发现五枚。令人惊奇的是，这五枚"承安宝货"既不是面额一两的，也不是面额二两的，竟全是面额一两半的。它们的形状大体为两端弧圆、束腰铤形，面錾"承安宝货"、"一两半"及库、部押等字款，背有蜂窝状凹陷。长4.8厘米，首宽3厘米，束腰宽2.1厘米，厚0.55厘米，重约60克，边缘四周有三道水波纹。

继黑龙江之后，1986年在辽宁、内蒙古也分别发现了一枚"承安宝货"，形状与黑龙江发现的大体相同，但它们面额却是一两的，所以相应地长宽尺寸略小，重约40克。这一重大发现表明，"承安宝货"尽管不是圆形的，但它们确实是我国历史上最早的银铸币，它们不是后代银两制度下所使用的银锭，而是有一定面额、一定形制、一定规格的名副其实的铸币。可惜这种银铸币很快就被废弃，后来也很少效法者。

契丹族有自己的文字，近年国内外对契丹文字的研究颇有兴趣，但令人奇怪的是，迄今尚未发现钱文是契丹文字的辽钱币。

西夏是党项族建立的政权，它远不如辽强大，但金灭掉了辽，却没有灭掉西夏，西夏后来和金一起被蒙元攻灭。西夏和辽一样，也主要使用宋朝钱币。自己造币数量不多。西夏钱币存世（包括前代存留和近年出土的）数量很少，总数不超过300枚，其中较为常见的有"天盛元宝"、"光定元宝"、"皇建元宝"、"乾祐元宝"等，都是年号钱，有铜钱，也有铁钱。

西夏在建国之初就颁行了自己的文字，但由于西夏的灭亡，西夏文字也一度失传，直到19世纪末才有人开始重新研究西夏文字。近年学者们对新发现的汉、西夏两种文字同在一碑的碑文进行研究，使西夏文的释读大有进展。与辽钱币不同，西夏钱币中有用本族文字（西夏文）为钱文的钱币。经初步释读，这些西夏文钱币分别是，福圣宝钱、天祐（或释乾祐）宝钱、贞观元宝、大安宝钱、天庆宝钱。这些钱币是不是也都是年号钱，对此尚有不同看法。

金国是女真族建立的政权。女真人原来臣属于辽，常常受到契丹贵族的欺凌。后来女真人建立了自己的政权，与辽对抗，遂又采取与宋结盟的策略，一举灭辽。金灭辽不久，看出北宋的外强中干，对宋大举进攻，很快包围北宋都城汴京，灭掉了北宋。

后来金与南宋大抵以淮河为界北南对峙。由于金境内汉族人较多，因而所受汉文化影响也就比辽、夏更多。金早期使用旧有的宋、辽钱币，尚未铸行自己的钱币。直到金、宋间第二次议和以后，战争暂告结束，才发行自己的货币，而且是先发行纸币，后铸行铜币。

辽世宗天禄年间（947—950）铸造的天禄通宝

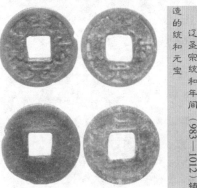

造的统和元宝

辽圣宗统和年间（983—1012）铸

辽穆宗应历年间（951—968）铸造的应历通宝

铸造的重熙通宝

辽兴宗重熙年间（1032—1055）

辽景宗保宁年间（969—979）铸造的保宁通宝

辽道宗大康年间（1075—1084）铸造的大康通宝

辽道宗清宁年间（1055—1064）铸造的清宁通宝

辽道宗咸雍年间（1065—1074）铸造的咸雍通宝

辽道宗大康年间（1075—1084）铸造的大康元宝

辽道宗寿昌年间（1195—1100）铸造的寿昌元宝

辽道宗大安年间（1085—1094）铸造的大安元宝

西夏毅宗福圣承道年间（1053—1056）铸造的福圣宝钱

西夏崇宗贞观年间（1101—1113）铸造的贞观宝钱

西夏惠宗大安年间（1074—1084）铸造的大安通宝

西夏仁宗天盛年间（1149—1169）铸造的天盛元宝

西夏仁宗天盛年间（1149—1169）铸造的天盛元宝

西夏神宗光定年间（1211—1223）铸造的光定元宝

西夏仁宗乾祐年间（1170—1193）铸造的乾祐宝钱

西夏仁宗乾祐年间（1170—1193）铸造的乾祐元宝

西夏仁宗乾祐年间（1170—1193）铸造的乾祐元宝（铁）

金海陵王正隆二年（1157）始铸造的正隆元宝

金熙宗天眷年间（1137—1140）铸造的天眷通宝

金世宗大定年间（1161—1189）铸造的大定通宝

金熙宗皇统年间（1141—1148）铸造的皇统元宝

金章宗泰和四年（1204）始铸造的泰和重宝

金世宗大定年间（1161—1189）铸造的大定
通宝（铁）

金卫绍王至宁年间（1213）铸造的至
宁元宝

金世宗大定年间（1161—1189）铸造的大定
通宝（铁）

金铸行铜钱始于金海陵王正隆二年 (1157)，铸行"正隆通宝"。此后曾铸行"大定通宝"、"明昌通宝"和"泰和重宝"等年号钱。金铜钱形式效仿宋朝，但一般比宋钱更精美，尤其是"泰和重宝"当十钱，郭细肉深，篆如玉筋，比后代某些机制钱还要整齐美观。金铸钱最多时，即大定二十九年 (1189) 前后，每年铸行 14 万贯，与南宋接近。

在金灭掉北宋以后，曾扶植一个"大齐国"，建都大名，后迁汴梁，皇帝是刘豫，改元阜昌 (1130—1137)。大齐国铸行了"阜昌元宝"小平钱、"阜昌通宝"折二钱、"阜昌重宝"折三钱，分别为真、篆对钱。大齐国在金羽翼下虽仅存在了八年，但所铸钱却清秀娟美，比一般北宋钱精整。史书记载，大齐国发行了纸币，但具体情况不详。

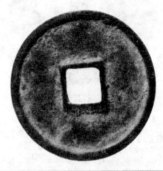

伪齐齐豫阜昌年间（1130—1137）铸造的阜昌重宝

元朝时期

纸币的极盛期

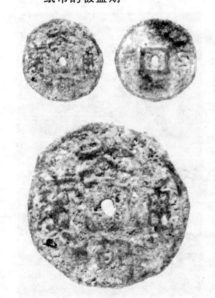

元铸造的大朝通宝（银）

元朝在至元二十四年（1287）到至正十年（1350）的 60 多年间，禁止在交易中使用金银铜钱。这就是说，在这段时间内只有纸币是合法货币。据元朝人陶宗仪记，元世祖忽必烈问那位当和尚出身的"高参"太保刘秉忠，该建立怎样的货币制度。刘秉忠回答："钱用于阳，楮用于阴。华夏阳明之区，沙漠幽阴之域。今陛下龙兴沙漠，君临中夏，宜用楮币，俾（让）子孙世守之。若用钱，四海且将不靖（安定）。"于是元世祖就决定不铸行铜钱。后王伟也讲"废钱而用钞，实祖宗之成宪，而于术数之说为有符"，而铸行铜钱，是违背"典宪"和"图谶"。可见陶宗仪所记并非全无根据。

元铸造的大朝通宝

刘秉忠用了什么"图谶"来说服元世祖，已难知晓。但是，用图谶来说服众人是一回事，主张用纸币而不用铜钱的真实动机又是一回事。刘秉忠提出此种主张，大约主要是考虑与当时北方地区旧有货币制度的衔接。

事实上，金后期已经有了禁止使用金银铜钱而以纸币为主的苗头。金早在承安三年（1198）就规定几个主要路分交易中一贯以上不许使用铜钱。随后泰和八年（1208）又把这一规定的行用范围扩大到东西两京等地区。

到了贞祐三年（1215）正式下令禁止使用铜钱。"自是，钱货不用"。到了元光三年（1223），金又规定：交易中，价值银三两以下的一律不准使用白银，三两以上 2/3 用纸币，1/3 使用白银，并且强制规定纸币与白银的比价。这同禁止使用白银交易已经较为接近了。用纸币而不用铜钱，可以避免因纸币、铜钱二者之间的比价问题引起的诸多麻烦。

元朝在发行中，统钞的最初阶段是较为成功的。这是因为官方建立并认真维护了准备金制度，控制了发行数量。元朝的纸币制度是中国历史上最详细、最完备的。它是宋、金发行纸币数百年经验教训的总结。元朝至元二十四年（1287）颁行的"至元宝钞通行条划"14款 1 000 多字，照顾到了发行纸币的方方面面，显示出当时我国在纸币发行管理理论方面已经达到较高水平。

由于元代纸币在许多时间里是唯一的法定货币，纸币就成为完全法偿的货币，这样就避免了宋代常常发生的地方官府征税拒收纸币的问题。元代纸币是第一

元世祖中统年间（1260—1263）铸造的中统元宝

主币，而宋代纸币不过是铜钱、铁钱的代用物。由于元基本不铸行铜钱（只有个别时期有少量铸行），所以元代纸币有2文、3文、5文等小面额的（宋、金纸币最小面额为100文），这样元代纸币品类比前代更为齐全。

元代纸币的发行可分为四个阶段：第一，蒙元早期，在各地分散地发行了一些纸币。第二，中统元年（1260），发行统一的中统元宝交钞和中统元宝钞。前者以丝为本，以两为单位；后者以钱为本，以贯文为单位。宝钞每贯等于交钞一两，钞二贯折白银一两。第三，至元二十四年（1287）发行至元通行宝钞，与中统钞并行，至元钞一贯折中统钞五贯。中统钞、至元钞行用80年以上，是元代最主要的纸币。中间至大三年（1310）曾一度发行至大银钞，但行用不到一年就被废止。第四，顺帝至正十年（1350）发行至正交钞直至元末。

元代同宋、金相比，纸币行用的范围扩大了。北宋在大部分时间中只在少数地区行用纸币，南宋版图仅限于淮河以南，远比元朝的

元世祖至元年间（1264—1294）铸造的至元通宝（八思巴文）

版图小，而且在有限的版图内却同时行用几种纸币，有些地区（如广南）则长时间不用纸币。金也有不用纸币的地区。

元的版图超过了辽、宋、西夏的总和，纸币基本推行到了全国各地。汉人居住区自不必讲，像云南少数民族地区历来是使用贝币、盐币等的，这时也开始使用纸币。元代还在今天新疆境内的畏兀儿、和林等地设立了发行纸币的机构。近年，考古工作者在吐鲁番发现了使用元代纸币进行交易的维吾尔文契约。

1955年，在柴达木盆地格尔木出土了用毛毡包裹的一大包元代纸币，共有500多件，包括元朝不同时期发行的多种

元武宗至大三年年间（1310）始铸造的至大通宝

纸币。近年在西藏地区也发现了元代至正年间发行的壹贯文省元宝交钞，说明元代西藏地区也使用了内地通行的纸币。

根据《元史》《岛夷志略》等书记载，元朝的纸币还流行到东南亚的泰国、印度等地，与当地货币混用。当时中国周围的一些国家，如波斯的乞合都王朝、印度的杜格拉克王朝、日本的足利幕府和高丽国等都仿效元朝发行了自己的纸币。

元代中国与国外的交往增加，一些外国人来到中国，都对中国人使用纸币感到惊讶。意大利人马可·波罗说："凡州郡国土及君王所辖之地莫不通行。臣民位置虽高，不敢拒绝使用，盖拒用者罪至死也……各人皆乐用此币，盖大汗国中商人所至之处，用此纸币以给费

元武宗至大年间（1308—1311）铸造的大元通宝

用，以购货物，以取其售物之售价，竟与纯金无别。"非洲人拔都他讲："中国人不用金银铸成的钱币来交易……他们买卖所用的媒介，是一种大如手掌，上面印有皇帝玉玺的纸币……如果某人拿金银到市上购买东西，人们是不会收受的，等到他把金银换成纸币以后，人们才予以注意，他才买到他所要买的物品。"他们把元代的纸币向外国作了介绍，这对外国纸币的产生有重要作用。

所以，元代的纸币不但规模空前，而且在全世界产生了重大影响。

纸币的弊病

纸币几乎在它出世不久就开始显示出它的问题。北宋四川交子交官方发行后约50年，就发生了贬值现象。又过了二三十年，交子发生了严重贬值，于是被钱引代替。

这在各种纸币中算是情况最好的。南

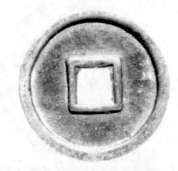

元武宗至大三年（1310）始铸造的大元通宝（八思巴文）

宋的最主要的纸币会子的情况就要比交子糟得多，它们在创行以后数年中就发生了贬值。开始贬值尚不严重，开禧年间与金朝交战，会子就贬值到面值的 1/2 以下。其他纸币如钱引、淮交、湖会等的贬值大抵比会子要更厉害。到南宋宝祐年间（1253—1258）钱引三界同时行用，总数达 30 多亿贯，每贯只值 1/7 500 两白银。

为了稳定民心，宋廷被迫又在四川恢复发行银会，银会的发行使钱引贬值更为加快，"市井视之粪土不如"，宋朝官方只好发行四川会子取代钱引。会子在景定年间（1260—1264）贬值到面值的 1/3（十八界）和 1/15（十七界）以下，宋廷于是发行新纸币"金银现钱关子"，但新纸币发行不久，就又走上贬值的老路。

与南宋南北对峙的金发行会子比南宋略早，在行用 40 年后发生了严重贬值。此后因与蒙元交战，纸币贬值日益严重。于是不断改变纸币名称，以求恢复纸币的信用。据金人刘祁《归潜志》记，在短短 18 年内，先后用过的纸币名称有宝券、通货、通宝、重宝、宝泉、珍宝、珍会、珍货八种。

但是，各种新纸币发行以后很快就贬值。宋朝大臣吴潜看到本国纸币贬值严重，非常忧虑地上奏讲金灭亡的教训："金人之毙，虽由于鞑（指蒙古），亦以楮轻物贵……其末也，百缗之楮，止可以易一（碗）面，而国毙矣。"元朝大臣耶律楚材也讲到金灭亡与纸币的联系，他说：金滥发纸币，到最后"至以万贯唯易一饼，民力困竭，国用匮乏，当为借鉴"。

元仁宗延祐年间（1314—1320 年）铸造的延祐元宝

元英宗至治年间（1321—1323）铸造的至治通宝

元朝正式发行纸币，应当从发行中统元宝钞算起。这种纸币发行于中统元年（1260），到至元二十三年（1286）即行用 26 年时，即已严重贬值。用当时人赵孟頫的话讲，"20 余年间，轻重相去至数十倍"。到元仁宗皇庆元年（1312），官方的公文中又讲道："近年以来，物价踊贵，比之向日，增加数十余倍。"元顺帝至正十年（1350），纸币贬值到面值的六七十分之一以下。

使用纸币还有一个弊病，那就是伪币更加难以杜绝。伪造纸币比盗铸铜钱更加本小利大，这就刺激了更多的人铤而走险。北宋中期就已出现伪造纸币问题，此后愈演愈烈，南宋后期已成难治顽症。金的伪币问题也很严重。

宋、金都为此颁布了非常严峻的刑法，但是这并不能达到根绝伪造的目的。元代伪造纸币现象比宋、金更甚，民间有民谣专讲此事："国朝钞法古今无，绝胜钱贯为青蚨。试令童子置怀袖，千里万里忘羁孤。岂期俗下有奸弊，往往伪造潜隈隅。设科定例非不重，赖此趋利甘捐躯。"伪币的泛滥进一步加速了纸币贬值的进程。

通观宋、金、元三代历史，发行纸币没有不发生贬值的，贬值都造成了市场混乱、社会秩序混乱，最终成为导致国家衰亡的重要原因之一。

纸币的贬值

人们不是不知道纸币贬值的危害，当时的人更是谈虎色变。关于如何防止纸币贬值，当时也已有成套的理论，但是纸币贬值的现象却是一次又一次地重复出现。为什么会这样呢？从根本上讲，就是由于封建国家的理财体制造成的。

元 13 世纪中叶至 14 世纪铸造的察合台汗钱

历朝历代的封建国家，财政上总是支出比收入增加得快，迟早总是要出现入不敷出的问题，而这问题总是越来越严重。国家的灭亡通常总是与财政混乱以致崩溃相联系的，纸币既然是由国家发行的，它就必然成为财政危机的承担者。封建权贵的欲望是永远无法满足的。发行纸币的危害，又不是今天多发，明天国家就灭亡那样切近。纸币的增加是一个渐变的过程。于是我们就看到了这样的恶性循环：财政危机就多发纸币，纸币多发就贬值，为了弥补财政的进一步危机，就只好加倍地多发纸币。宋、金、元、明各朝到最后，发行的纸币都以千万、亿、十亿计，数量耸人听闻。由于纸币发行权掌握在少数统治者手中，要防止他们滥用权力是很困难的。我们甚至还能看到如下的事：元朝至元二十三年（1286），因为官员朱清、张瑄创办海运有功，元世祖竟将印纸币的印版赐给二人，任他们自己随意印行纸币，朱、张二人因此成为巨富。

后来官方因其"富既埒国，虑其为变"，才找借口把他们杀死了。纸币发得太滥，贬值过快，给百姓造成了巨大灾难，人们把对当权者的仇恨往往转移到纸币上来，于是便产生了仇恨纸币的情绪。许多著名学者（如叶适、马端临、许衡、丘浚、王夫之）反对发行纸币，就是以此为背景的。

铜钱的衰落也与纸币的发行有关

元、明两代铸钱很少，主要原因之一就是官方怕铜钱流行会影响纸币，以至竟几次下令禁止使用铜钱。

元朝于至元十四年（1277）下令禁止江南使用铜钱。至元二十四年（1287）元朝尚书省颁布《至元宝钞通行条划》，其中有在全国范围内禁止使用铜钱的规定。元武宗至大三年（1310）铸行至大通宝（汉文）、大元通宝（蒙文），但第二年就因元武宗的去世而罢止。元顺帝至正十年（1350）铸行"至正通宝"等钱，至正十四年（1354）下令停铸，这时离元朝灭亡只有十几年了。今天所能见到的至正钱有三类，一类钱背铸有地支（寅、卯、辰等）纪年，用的是蒙文。另一类钱背有纪值的蒙、汉两种文字或只有纪值的蒙文。以上两类钱的正面都铸汉文"至正通宝"四字。还有一类被称为"权钞钱"，钱的正面却铸的是"至正之宝"。这种钱钱背穿上铸"吉"字，穿右铸"权钞"二字，穿左铸有标明金额的字，计有"伍分、壹钱、壹钱五分、贰钱五分、伍钱"五种，钱的大小轻重也因面额大小而不同，最大的伍钱权钞钱，重约143克，直径也是清代以前流通钱币中最大的。专为扶持纸币而铸行铜钱，也是前所未有的。元代只有两次铸铜钱的记载，两次时间都很短暂，元代铜钱铸造量是很少的。

前面讲到元代铜钱上既有汉文，又有蒙文，这很有时代特色，这里讲的蒙文，不是现代蒙文，而是八思巴文。这种文字是元代人八思巴（1235—1280）创造的。八思巴是吐蕃喇嘛教萨迦派首领，被元朝尊为国师。他受命造蒙古新字，于至元六年（1269）颁行。这是一种由字母组合的方形文字。

明朝时期

明朝初年铜钱、纸币、金银兼行

明朝初期的统治者显然没有从前人的失败中接受足够的教训，其结果比前代还要糟。明朝是洪武八年（1375）开始发行纸币的，到洪武二十三年（1390）纸币已贬值到了面额（即规定可兑铜钱数）的1/4，到洪武二十七年（1394）又进一步贬值到面额的1/6以下，明朝统治者为了挽救纸币，竟想要恢复元朝的办法，又立法禁止交易使用金银铜钱。但这样做的结果，并没有能阻止纸币贬值。据记载，永乐元年（1403），官兵俸米每石已可折支纸币十贯，当时米价每石不足一贯，则纸币贬值已到了面额的1/10以下。

到洪熙元年（1425），每石俸米可折支纸币二十五贯，贬值程度较前又加倍了。景泰元年（1450）官兵俸银每两折支纸可500贯，当时铜钱一贯可兑白银一两有余，则可知这时纸币贬值已到面额的1/500以下。

弘治元年（1488），官兵俸银每两折支纸币数又达700贯，纸币一贯这时大约只能兑铜钱一文了。到万历四十六年（1816），"每军士给钞数百贯，计值不过数十文"，纸币10贯才能兑一文铜钱，贬值已达面额的万分之一。当然，早在天顺四年（1460）明朝已解除钱禁，正统元年（1436）又解除银禁，白银、铜钱成为主要货币，纸币在流通领域的作用已经越来越弱了。

明太祖洪武年间（1368—1398）铸造的洪武通宝

说来有些令人奇怪，明朝的纸币很早就严重贬值，但却坚持发行；虽是不受欢迎，半死不活，却没有被废罢，直到明朝后期。而且，明朝的纸币在明光宗以前，始终叫"大明交钞"，从未改换过名称。

明朝灭亡前夕，曾尝试发行一种以银为本位的纸币，已印制了一批试发行，但遇到困难，百姓拒绝以银兑换。不久，李自成农民军进入北京，明朝灭亡，此种纸币未能推广。

明朝纸币发行的不景气，说

明成祖永乐年间（1403—1424）铸造的永乐通宝

明纸币在我国已经暂时地由盛转衰,这为随后纸币发行的中断作了历史的铺垫。清朝于顺治八年(1651)开始发行纸币。当时明朝残余势力汇集在明鲁王和永明王的旗帜下,坚持抵抗,全国许多地方刚刚经历战乱,经济秩序尚未恢复,清朝财政十分困难。发行纸币,大约主要是为了解决财政上的燃眉之急。到顺治十八年(1661),明朝残余势力被消灭,纸币就停止发行了。

有人推测,清朝停止发行纸币,除了吸取了宋、元、明发行纸币效果不好的历史教训以外,更重要的是因为清朝皇族是金人的后裔,他们对纸币促使金加速灭亡的历史教训有特别深刻的印象,这是颇有道理的。清朝停止发行纸币,这在我国历史上意义重大,因为我国从北宋开始的纸币发行由此中断,而且中断时间长达190余年。

铜钱的最突出的缺点是价贱体重

我国有一出相当出名的戏名《十五贯》,又名《错斩崔宁》,讲的是刘贵将岳父给的15贯钱,假说成是卖妾所得,引出的曲折故事。那么15贯铜钱有多重呢?如果这些钱都是合乎标准的铜钱,则15贯应有75斤重,这是体弱的人背不动、体壮的人背上走不远的。

史书上又记载有这样一件事:宋太祖赵匡胤有一次带人视察库房,他看到跟随他的勇将周仁美,就问周仁美:"你能背得动多少钱?"

明宣宗宣德年间(1426—1435)铸造的宣德通宝

明孝宗弘治十六年(1503)始铸造的弘治通宝

周仁美回答:"我能背得动78贯钱。"宋太祖说:"那岂不要让钱压死了!"于是他命令周仁美背起45贯钱在院内走一圈,周仁美照办,宋太祖就把这些钱赏给了周仁美。80贯钱重约200千克,宋太祖认为周仁美背不动,45贯钱重100多千克,周仁美能背着走一圈,自然也是壮汉。在大宗交易中,铜钱就显得非常不适合。如买一匹马,在宋代要用约50贯钱,这些钱重122.5千克,两个壮汉也未必能背上走5千米的路。一匹马的交易尚且如此，更不要说更大宗的交易了。

然而铜钱的缺点并不止于此，它的另一个突出的缺点是易于盗铸（指私人违法铸造）。纵观我国的铜币史，官方与私铸的斗争可谓史不绝书。凡是官方铸行虚价大钱，每次势必引起私铸泛滥，进而导致市场混乱，最后通常都以虚价大钱被废止或官方宣布虚价大钱降值使用为结果。

从较早的汉武帝铸行赤仄钱，到唐肃宗铸行乾元重宝，再到宋仁宗铸行庆历重宝、清咸丰帝铸行咸丰重宝等，情况如出一辙，结局概莫能外。尽管我国很早就有人提出了"不惜铜爱工"的原则，但是历朝历代铸钱惜铜图利的事却是屡见不鲜。钱币减重问题更是中外都颇流行的现象。既惜铜图利，则所铸钱必然体轻质次，前后不一。官方铸钱既如此，就给盗铸提供了条件。

回顾历史，大抵盗铸泛滥往往都与官方铸行劣钱相联系。盗铸的钱币大抵都是劣币，所谓"上贯即碎，风飘水浮"的劣币几乎代代都曾有过，剪纸涂泥的伪币也就随之产生，而劣币一多就会造成市场混乱。

与上面所述的铜钱质量不一的问题相连，就又派生出一个新问题，即使用时难以剔除劣币。铜钱都是成百上千、成串成贯地使用，交易中要是一枚一枚地挑拣该是多么不方便。

在社会秩序较为混乱时，铜钱的弊病就更加突出。因为这种时候官方造的虚额大钱、劣币与民间盗铸的劣币互相混杂，造成物价剧烈波动，进而导致铜钱的信用危机。

明世宗嘉靖年间（1528）铸造的嘉靖通宝

这时人们往往拒绝收受铜钱，而寻求比它更可靠的代替者。唐末五代、金朝末年、南宋末年都出现了人们乐于使用白银而不愿使用铜钱的情况，就是由于这个缘故。

铜钱的衰落比纸币早，几乎就在它达到鼎盛阶段不久，事实上已经走了下坡路。

铜钱的铸造量在北宋达到历史最高峰以后，便急剧地下跌。南宋一般年份只能铸行约10万贯铜钱，其中还包括半数以上的当二或当二以上的大钱。与南宋北南对峙的金情况也不比南宋好，这与我国铜矿主要分布在南方有一定关系，但更重要的原因，无论是南宋还是金，都是由于经济、社会生产发展受到了较严重的破坏。

经济遭受破坏以后，物价上涨，铸钱亏本十分严重，有时造一贯钱竟要花费五六贯甚至更多的钱，官府便不愿也无力多铸钱。

蒙元受西亚地区的影响，在灭金、宋以前是以银为币的。但灭金、宋以后，却效法金、宋发行纸币，后来竟发展到禁用铜钱、金银而专用纸币的地步。然而从记载看，元代并不总是禁止白银流通的，同时由于元朝疆域辽阔，禁止使用白银的禁令也不是随时随地都得到认真贯彻的。因此，民间仍然私下广泛地用白银作支付、交换手段。这从元代杂剧中可以得到最好的反映。

元杂剧中的台词，往往涉及白银，其中不少是反映白银的货币功能的。例如，《金线池》这出戏中，石府尹吩咐下人道："金线池是一个胜景去处，我与你两锭银子，将去下酒作个宴席。"又《桃花女破法嫁周公》里，周公对役人讲："分外与你一两银子，买些酒肉吃。"

明穆宗隆庆四年（1570）始铸造的隆庆通宝

再如《魔合罗》主人对医生说："老相公夫人染病，这是五两银子，权当药资，休嫌少。"在这些场合，白银都是当"钱"使用的。元杂剧中还有用白银放贷的情况。如《鸳鸯被》中刘员外就用白银放高利贷。饭馆里也用白银结账，如《东堂老劝破

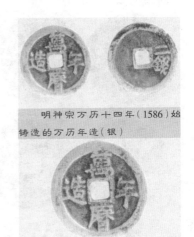

明神宗万历十四年（1586）始铸造的万历年造（银）

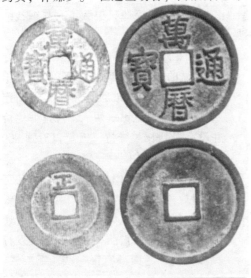

明神宗万历四年（1576）始铸造的万历通宝

家子弟》中，卖茶掌柜说："我算一算账，少下我茶钱五钱，酒钱三两，饭钱一两二钱；打发唱的耿妙莲五两，打双陆输的银八钱，共该十两五钱。"元杂剧中的这些台词，说明元代民间已广泛地用白银作货币了。

在宋、金、元三朝，中国从北到南，白银在社会生活中的作用都明显地增强了，白银成为货币，已是大势所趋。

几种与银两联系的纸币

由宋至明，纸币分三类，即与铁钱联系的（如交子）、与铜钱联系的（如会子）以及与白银联系的（如银会）。这里我们没有讲"以某某为本位"，是因为这一阶段的纸币大部分实际上都是不兑换纸币，用"本位"这个术语很容易造成误解和引起歧义。与银联系的纸币的出现和增加，也反映了白银重要性的增加。

最早与银联系的纸币是南宋的关外银会子。它创行于绍兴七年（1137），有一钱、半钱两种面额。每四张一钱银会、每八张半钱银会等于钱引一贯。每两年用一日换新一次。关外银会子的创行，与发放军饷有关，大约关外地区原先行使铁钱，军兵多是内地人，不愿用铁钱发饷，而当时宋朝形势危急，正是需要军兵出力之时，于是军饷部分用银支给，由此派生出银会。

但银会价值后来与白银价值脱离，今人对关外银会子是否以银为本位多有疑问。南宋后期，关外地区被蒙元军队占据，宋军退入四川地区，于是官方在四川地区又发行银会，具体情况失载，只知道它与钱引的比价是1:100（新引）和1:500（旧引）。南宋末年东南地区曾发行纸币"金银现钱关子"，简称"关子"，又称"银关"。关子名称中虽有"银"字，但史籍却只记载了它与铜钱的比价，至于它与银的关系怎样，则不见记载。

明熹宗天启年间补铸泰昌通宝

金在迁都蔡州以前没有发行币面标有银两的纸币。但官方于兴定元年（1217）发行"贞祐通宝"时，曾规定四贯"通宝"兑银一两。不过这一比价并没有得到长久维持，五年以后须800多贯"通宝"才能兑得银一两。

元光元年（1222）发行"兴定宝泉"时，官方也规定二贯"宝泉"兑银一两，自然这一比价也没被维持。金迁都蔡州，已是灭亡前夕。这时金又发行"天兴宝会"，面额有银一钱、银二钱、银三钱、银五钱四种，但几个月后金就灭亡了。

元朝行用时间最长的中统元宝交钞和至元通行宝钞，面额都是以铜钱贯、文计的，但开始发行时都规定每钞两贯折白银一两。当然，这一规定只在发行初有效，此后随着纸币的贬值，这一规定也就失效了。中统钞初行时，还规定以银作本，有"钞有若干，银本常不亏欠"的说法。另外，元代官方往往以两、锭计钞，如称钞一贯为钞一两、钞五十贯为钞一锭等，这种称呼法也表明了纸币与银的关系比前代密切。

元朝至大三年（1310）曾发行了一种以银两计的纸币，即"至大银钞"。至大银钞面额从二厘（两的百分之一）到二两共有13种。但至大银钞只行用了一年就被废弃了。

明朝的277年中，约有半数年份是完全没有铸造铜钱的。明朝初年铸造"洪武通宝"钱，因为避朱元璋名讳，没有铸"洪武元宝"钱，整个明代都没有钱文中带"元宝"两字的钱。各年度究竟铸造了多少铜钱，史书没有记载。但到洪武二十七年（1394），为了提高纸币的地位，明廷下令禁止使用铜钱，要求军民商贾等，凡持有铜钱者，一律上缴官府，兑换纸币。

自然，官方也就停止了铸造铜钱。禁用铜钱的规定一直维持到宣德十年（1435），这近40年间官方就没有铸造铜钱。解禁时间不久，正统十三年（1448），官方再次下令禁止使用铜钱，这次诏书措辞强烈，声称："交易用钱者，以阻钞论，追一万贯，全家戍边。"于是铜钱又停止铸行。

不过这次禁令维持时间较短，到天顺四年（1460），又宣布解除禁令。禁令虽解除了，但官方并没有马上开始铸钱，直到弘治十六年（1503），官方才恢复铸钱。开铸仅二三年，到明武宗正德年中（1506—1521）又停铸了，一直到嘉靖六年（1527）才恢复鼓铸。

当纸币衰落时，铜钱并没有复兴，因为还在统治者拼命维持纸币时，白银在流通领域已占据了比铜钱更重要的位置。

马克思讲："金银天然不是货币，但货币天然是金银。"但是中国自东汉以后的1 000多年中，贵金属却很少作为货币使用，在这期间，金银虽然还具有某些货币职能，但主要是贮藏的职能和国际货币的职能。有些边远地区仍以金银为货币，但却没有典型意义。

在如此长的时间里，作为主要货币的是铜钱而不是黄金和白银。当西方许多国家在商业活动中已经大量使用金银铸币的时候，中国的铜钱却达到了极盛，这岂不是令人奇怪的事情？阻碍贵金属成为十足货币、在经济领域大显身手的原因固然很多，但最主要的似乎有三方面，即商业活动受到过多限制，中国中古时代政治制度和货币制度的特殊性。

中国很早就有了抑商政策，但如果只是单纯从行政的角度抑商，是很难真

明熹宗天启年间（1621—1627）铸造的天启通宝

正达到抑商的目的的。自从出现了轻商理论，封建国家的抑商就远远超出了单纯用行政手段的范围，特别是禁榷、平准、均输、市易等制度的产生和发挥作用，使得商人的活动范围大大受到限制。

封建官营经济发展，私营商业发展相对迟滞，汉武帝以后，那种资产雄厚、善于经营、在政治上又有一定地位的大商人明显减少，就是证明。商业上大宗交易减少，对金银的需求也就随之减少，这就是东汉以后以金银为币的情况减少，而金银首饰却明显增加的主要原因。中国自从秦以后，就实行了中央集权的国家制度，广阔的疆域内的众多人民都是生活在一个政权的统一管理之下。

整个国家不但"车同轨、书同文"，而且使用的也基本是统一的货币，这就大大减少了对所谓"硬通货"的需求。西方各国的情况恰恰相反，它们当时正实行层层分封的政治制度，各级贵族之间关系极其松散，地方割据的情况极为普遍，大大小小的割据势力林立。

当时生活在不同割据政权下的欧洲人彼此要想做生意，离开"硬通货"是根本不行的。所以，这就造成中国与欧洲各国在钱币方面的巨大差异：中世纪欧洲各国金银铸币很流行，但农村却很少见到钱币；与之同时代的中国，铜钱深入穷乡僻壤，却不流行金银铸币。

马克思讲货币天然地要由金银充当，是由于金银有适合作货币的优点，其中重要的一条就是质地均匀、易于分割。由于中国的铜钱独特的形制，这些优点一定程度上它也具备。

明思宗崇祯年间（1628—1644）铸造的崇祯通宝

这是因为铜钱中间有孔可以贯连成串，可分可合，在社会秩序正常的情况下，铜钱的质量也基本可靠，这在一定程度上也弱化了社会对金银的需求。有学者对中国的铜钱的购买力做过深入的考察，结果发现铜钱的价值与普通人的日常生活水平彼此非常适合，每个人的日消费折为铜钱总在十文钱上下。

这样，商业上大宗交易减少，铜钱也勉强能对付，日常生活铜钱又特别适用，所以铜钱就受到重视，而金银却受到冷落。

但是随着商业的发展，经营规模总要超过铜钱所能胜任的水平，所以金银迟早还是要回到流通领域的。唐宋至元，这种趋势已经越来越明显，白银取代铜钱成为主币，只是时机问题了。

明朝人王世贞讲："凡贸易，金太贵而不便小用，且耗日多而产日少；米与钱贱而不便大用，钱近实而易伪易杂，米不能久，钞太虚亦复有邑烂；是以白金之为币，长也。"他讲了黄金、米、铜钱、纸币的缺点和白银的优点，他批评铜钱"贱而不便大用"，可见他也懂得了商业对货

明末李自成起义军永昌年间（1644—1645）铸造的永昌通宝

币的特殊需要。正是由于白银有如上超过黄金、铜钱、纸币、粮米的长处，它才最终取代了纸币和铜钱，成为首要的货币。

白银究竟什么时候就已成为货币，它在流通领域里的作用究竟什么时候开始超过铜钱和纸币，这是很难准确说明的。但它的地位在法律上得到正式承认的时间，却是有史料记载的。

白银成为首币

白银成为首币并没有为明朝初年的统治者所认识。大约这与战乱之后，经济还没有充分恢复和发展有关。明朝初期，统治者仍然幻想重建元朝以纸币为单一法币的制度，但遇到困难，便改为钱、钞兼用。

白银成为法定货币并取代纸币成为主币的过程是从明英宗正统元年（1436）开始的。这一年，明王朝宣布解除交易用白银的禁令，并将长江以南各省应上缴朝廷的400万石税粮，折成100余万两白银向各地征收，这就是所谓"金花银"。这导致农业税征收白银的合法化。

在这以后，嘉靖四十一年（1562），对服役的工匠开始征收代役银。明景泰年间（1450—1456）以后，官员俸禄开始部分折支白银，至正德年间（1506—1521）以后，官员俸禄已是9/10支白银、1/10支铜钱了。

到万历年间推行一条鞭法，除个别地区外，大部分税收都改征白银。与此

同时，军兵薪俸中白银所占比重也不断增加，白银的法定货币的地位确立了。从记载看，白银于明代前期在许多地方已经成为主要的交换手段，此后随着纸币信用的下落，白银的货币功能不断强化，不但日常生活中用银作交换媒介、作支付手段，契约中以银计价，甚至官方的商业税收中也已征收白银。

所以可以说，在官方正式承认以前的一段时间，白银早已成为事实上的主币，官方的承认不过是把这种原先不公开的情况加以公开和合法化罢了。

官府的收支大量使用白银，官方取消了交易用银的禁令，民间使用白银就更加广泛，纸币逐渐被排斥出流通领域，而白银的优点日益显露，便逐渐取代了纸币的主币地位。

清朝在财政、赋税制度方面多沿用明朝旧制，因而从建朝之初财政预决算就都以白银计量，而规定地方向朝廷输送财赋要按照"银七钱三"的比例。地方官府为了自身的利益，在各项税收中往往全部征收白银。民间则除偏远地区外交易中也大都使用白银，这样，白银的法定第一主币的地位就得到了巩固。清朝还规定了银一两折制钱一千文的法定比价，并为维持这一比价做了许多努力。清朝虽没有明确宣布以银为本位，但在实际上推行的却是白银为主、铜钱为辅的货币制度。

白银的形制

一提到白银，今人往往就会联想到银元宝（当然还有金元宝），在现在的影视中和描绘古代人生活的图画中，我们都常常可以看到它的形象。所谓银元宝，通常是指马蹄（一说靴形）形的银锭。从出土文物可以得知，我国先秦时期就有马蹄形金锭（马蹄金），西汉时期又有麟趾金和马蹄金，它们固然与后来的金元宝、银元宝有一定联系，但二者之间毕竟存在明显差异，至于元宝这一名称出现得就更迟了。

这里还应指出的是，先秦西汉虽有马蹄形金锭，却似乎没有马蹄形银锭。西汉以后一直到唐宋时期，都未见有马蹄形银锭，也极少见有明清时期常见的那种银元宝。

现已出土的银锭，唐代多是长立方体形，宋代则多是束腰板形。但有一点与后来的元宝有较大联系，即唐宋时期的银锭也往往是50两一锭的。

"元宝"本是在宋代钱文中经常见到的，如"熙宁元宝"、"绍兴元宝"等。元宝成为银锭的名称，据说始于元朝早期的至元年间（当时宋朝即将灭亡或刚刚灭亡）。

《元史·杨提传》记载：至元三年（相当宋咸淳二年）杨提担任诸路交钞都提举，上书讲官库白银出入制度漏洞较多，"请以50两铸为锭，文以元宝"。结果人们感到很方便。但元代人陶宗仪写的《辍耕录》所记与此有些不同。他说：至元十三年（1276，宋已灭亡，但残部尚在坚持），元军占领了宋朝都城后回师扬州，元军统帅伯颜下令搜检将士抢掠的银两，统一销铸为银锭，每锭50两，在银锭铸上"扬州元宝"四字，回到元大都向皇帝进献。元世祖举行庆祝大会，将银两赏赐给王公贵族等。两处记载虽不同，但时间却较为接近，看来称银锭为元宝，始于元朝初期。

但是从出土文物看，元朝的银"元宝"的形状仍是束腰板状，与宋代常见的银锭形状接近。今人常看到的元宝形象，即两头翘起、形状像马蹄又有点像船的那种银锭，出现时间或许稍迟，大约在明朝以后。人们对这种马蹄状元宝的奇特形状感到不解：唐宋时期板状银锭既简单又便于装箱，到了明代为什么要改成如此的怪模样？这确实是个不易圆满回答的问题，目前较有说服力的答复是：我国古代人习惯把钱系腰间，而马蹄状银锭是便于系于腰间的。

银两的形式是多种多样的，较为常见：50两一锭的元宝、一二十两的中锭、重三五两状似馒头的小锞、重一二两的福珠。此外，大的银锭，最重的有达五百两以上的。除马蹄形的以外，还有饼状、条状和板状的小锭和碎银。

钱庄、票号的产生与发展。明清时期的钱庄、票号，是在唐代飞钱便换和宋代金银交引铺的基础上产生和发展起来的。

清朝时期

白银为本，铜钱为末

明末清初出现了相当长时间的"银荒"，"银荒"与"钱荒"一样造成了严重的社会问题。农民为了纳税，被迫低价出卖农产品，甚至出卖家产和家人，使得农业生产遭到破坏，影响到正常的统治秩序。于是有些人便主张停止使用白银，恢复使用铜钱。

也有人主张适当增加铜钱的使用范围，以缓解银荒。前一种意见显然过激，难以实行，后一种意见于是得到采纳。明朝后期和清朝，铜钱的铸行量明显增加。

清朝此后遵循"白银为本，铜钱为末"的方针，用铜钱作为白银的调节和补充。即在白银缺乏时，适当扩大铜钱法偿能力，减缓社会对白银的需求；凡大额收支及民间大额交易，尽量设法使用白银，凡小额收支及民间小额交易，尽量设法使用铜钱。有时还实行"银七钱三"的按比例收税的政策。

清初吴三桂铸造的利用通宝

清朝每年铸行铜钱的数量，正常年份一般都维持在 20 万串（贯）以上，多的年份铸行 100 万串（贯）以上，有时更多达数百万串（贯），其数量可能超过了唐代。清代铸钱出现了一个新情况，那就是原铜的严重不足。不知由于何种原因，明代和清代前期矿冶业很不景气，官方几次试图改变这种状况，都成效不大。为了增加铸钱数量，清朝就从邻近国家（主要是日本）大量进口"洋铜"，这也是前代未有的情况。

据记载，早在清朝初年，官方就下令向海外购买洋铜，康熙二十二年（1683）开海禁以后，规模扩大。雍正年间（1723—1735），出洋买铜的船达36 艘，每年购入的原铜达数百万斤。乾隆二十年（1755），出洋买铜的船减为 12 艘，每年买铜仍有75.5 万千克。这样大量进口原铜用于铸钱，在我国历史上是前所未有的。当然，对明清时期铸造铜钱来说，云南地区铜矿的发现和大量开采起了重要作用。云南地区的铜矿在宋以前尚未大量开采，明代后期和清代，云南的铜矿成为铸钱工业的重要支柱。

清初吴三桂铸造的昭武通宝

制钱的盛行

"制钱"这一用语产生于明代，在明清两代文献中经常可以看到。所谓"制"，原本指制书，后来泛指朝廷的规定。"制钱"的本义是指官钱局按照朝廷规定造的钱。官钱局按照朝廷规定造的自然是本朝官钱，所以《明史·食货志》说："制钱者，本朝钱也。"简言之，本朝官方造的钱就是制钱。

明代市面上流通的钱有三类，即制钱、前代铸造的旧钱和私人盗铸的钱币。和前代不同的是，明代官方铸的制钱数量较少，因而在流通钱中所占比重较小，而明代制度上公开允许前代钱流行，所以前代旧钱在流通钱中所占比重较大。

"制钱"这一用语的产生，大约也主要是用来区别前代旧钱的。起初，制钱与前代旧钱混用，一枚都作一文用，后来大约旧钱中混杂盗铸钱较多，制钱的身价开始提高。后来官方正式规定：

清初吴世璠铸造的洪化通宝

"凡纳赎收税，历代钱、制钱各收其半；无制钱即收旧钱，二以当一。"再后制钱与旧钱的比价继续增大，一制钱可兑数枚旧钱。清朝也允许行用前代旧钱，所以也有制钱和旧钱的区分，二者间的比价也时常变动。

清代也有制钱、旧钱的区分，通常也是两种钱同时流行的。清代制钱在外观上与明代钱较为接近，比较明显的差异是钱背增加了纪局的满文。明代钱钱背有的也有纪局文字，但数量较少，且都是汉字。清代钱则一般钱背都有纪局满文。

有的钱背的纪局文字除满文外，还有汉字，其中以康熙年间铸行的钱最突出。当时共有21个地方钱局，相应地便有21个纪局的汉字。有人把代表甘肃宝巩局的"巩"字除外，把其余20字编成顺口溜："同福宁东江，宣原苏蓟昌；南河临广浙，台桂陕云漳。"带纪局汉字的钱数量较少，这是因为当时铸钱数量最多的是户部的宝泉局和工部宝源局，它们铸的钱钱背都没有汉字。

我国的铜钱，并不是严格意义上的铜钱，即是说它们不是由纯铜而是由铜合金制成的。所以，明朝初年以前的钱大抵可分为两类，即用纯铜制成的红钱和用铜铅锡合金制成的青钱。唐以前，铸钱官方对用料配剂是否有规定不见记载。唐玄宗时官方曾规定铸钱的用料标准：每铸3 300贯，用铜1.061万千克、铅1 854.5千克、黑锡270千克。以此计算，当时的钱应含铜83%，铅15%，黑锡2%，而其中"铅"、"黑锡"究竟是什么，似还有争议。宋朝对铸钱用料的规定几次变更，一般含铜量都不如唐玄宗时。如宋真宗天禧年间的规定："每千钱用铜三斤十四两、铅一斤八两、锡八两，建州丰国（监）又减铅五两，加铜亦如之。"当时钱的含铜约为67%（丰国监为72%）、含铅约为25%（丰国监为20%）、含锡8%。

黄钱　到了明嘉靖三十二年（1543）以后，我国铜钱中又出现了一个新品种——黄钱。所谓

清初耿精忠铸造的裕民通宝

后金女真人铸造的天命汗钱

黄钱，是指钱的颜色发黄，是因为原料中增加了一种过去没有的金属——锌。黄钱的含锌量一般都在 10% 以上，多的达20%。黄铜的"康熙通宝"钱背满汉文纪局文字(缩小)。

后金女真人铸造的天命通宝

黄钱的出现在我国冶金史上是重要的进步，在我国钱币史上也是一个重要的进步。明嘉靖年间(1522—1566)以后，铜钱又有"金背"、"火漆"、"镟边"的类别。所谓"金背"，主要是指钱背涂有一层黄铜粉。所谓"火漆"，主要是指钱背用火熏黑并涂有油脂。所谓"镟边"，是指钱铸好以后用镟车对边缘做了加工。

这三种钱都是质量较好的，特别是"金背"，通常是输送京师的。这三种钱用料也不一般，有"四火黄铜铸金背，二火黄铜铸火漆"等说法。所以，它们的市场价值彼此不同，与一般钱有所差异。如《续通考·钱币》记：万历四年(1576)金背钱八文折合银一分，火漆、镟边钱十文折合银一分，旧钱十二文折合银一分。

罗汉钱 我国民间流传许多关于"罗汉钱"的传说。所谓："罗汉钱"，是指清康熙年间(1662—1722)由宝泉局铸行的一种"康熙通宝"钱。这种钱金黄色，比一般黄钱色泽鲜美。它的钱文中的"熙"字不像一般"康熙通宝"钱那样，左上部为"臣"，而是写作"𦉖"。

关于罗汉钱的来历有两种说法：一是说它们是在康熙皇帝六十大寿时为了祝寿专门铸造的。铸钱时往铜液中投入了一尊金罗汉，所以铸出的钱略带金色。二是说康熙末年，年羹尧在四川任总督，有一次打仗急需军费，就把一座大庙里的婆金罗汉熔化铸钱以应急需。究竟怎样，仍是未解之谜。

后金皇太极天聪元年(1627)始铸造的天聪汗钱

钱庄、票号的产生和兴盛

明清时期的钱庄、票号是在唐代飞钱便换和宋代金银引铺的基础上产生和发展起来的。唐代的飞钱便换近似现代的汇兑，既有官营又有私营。宋代官营飞钱便换(便钱)很兴盛，但却禁止私人经营，私人汇兑业的发展受到压抑。

不过宋代私人经营的金银交引铺却颇兴盛，这是由于宋代大额支付中有时可以以金银代钱，有时又必须使用铜钱而不能使用金银，但长途跋涉携带巨额铜钱很不方便，通常又是携带金银的，在一些场合需要把金银兑成铜钱，在另一些场合（例如出远门之前）又需要把铜钱兑成金银，这就产生了金银与铜钱彼此兑换的需求。宋代实行人中制度和盐钞茶引矾引等制度，商人向官府缴纳实物或金银钱币须到异地领取盐茶矾等。

有时商人中途改变计划不愿经营原来准备的盐茶矾等专卖品，有时商人由于某种情况急需大笔现钱而他的资金都已被钞引占用，有时官方突然改变专卖法，要求商人补缴大笔钱才能领取盐茶矾等，诸如此类，商人都需要转让一部分或全部钞引以换取现钱。

清世祖顺治年间（1644—1661）铸造的顺治通宝

金银交引铺就是在上述两种需求推动下产生的，它的主要功能也就是满足这两方面的需求。在南宋时期，由于普遍使用纸币，又产生了纸币与金银、钱币、交引彼此兑换的需求，这方面的事务自然也就由金银交引铺承当起来了。

明清时期的钱庄在开始阶段，其功能反不如宋代金银交引铺复杂。明朝初年即禁止使用金银和铜钱，金银、铜钱、纸币（交钞）三者之间的兑换也就无法开展。钱庄等开始活动大约是在使用金银铜钱的禁令解除特别是在白银成为法定货币以后。钱庄最初大约主要是经营白银、铜钱的兑换，当时白银、铜钱是两种最主要的货币，二者之间的兑换是经常需要的。

所以，钱庄有些地方又叫钱铺、钱肆、银号、银行，即是说有些从铜钱这方面来命名，有些则从白银方面来命名。有些小钱庄干脆就叫钱桌，大约是因为营业时仅摆一张桌子，来兑的人随来随兑而得名。

这使人联想到西方的"银行"这个词，据说它是由"板凳"这个词演化来的。就是说，西方的银行家的前辈竟是市场上坐在一条板凳上兑换货币的摊贩。

明代小说《金瓶梅》《三言二拍》《醒世姻缘》等都有关于钱庄的描写，说明钱庄在社会生活中已起到相当的作用。随着钱庄的发展，它们逐渐不满足

清圣祖康熙年间（1662—1722）铸造的康熙通宝

单纯地经营钱、银之间的兑换。于是，传统的异地汇兑业务首先得到恢复，钱庄开始发行汇票。这种业务并没有超过宋代的金银交引铺，钱庄真正超过宋代金银交引铺，大约是在清代乾隆年以后。

钱庄在清朝前期消沉了较长一个时期，直到清朝中叶才又发展起来。据统计，自清康熙年间到道光十年（1830）以前，北京先后开设的钱庄有389家。在乾隆四十年（1776）到嘉庆十年（1796）20年间，上海有钱庄106家。

这些都表明钱庄在清代中后期较为兴盛。尤其值得注意的是，有些钱庄由于长期经营汇兑业务，逐渐从钱庄中分化出来，演化为票号。清朝中后期的钱庄、票号在三方面明显超过宋代的金银交引铺，一是它们经营存放款，二是它们发行的钱票能在市面上代钱流通，三是票号和一部分钱庄在不同地区间形成网络，有的有多处分号。

据记载，乾隆、嘉庆年间，山西平遥人雷履泰在天津开设日升昌颜料铺，因为要从四川购运铜绿，担心自天津往四川输送银两中途被劫，就在四川设立分号，兼营汇兑，后来汇兑业务越搞越大，成为著名的票号，山西票号遂由此发端。

钱庄、票号与近代银行的不同。钱庄、票号经营的货币兑换、汇总、存放款、发行票据等都与近代西方银行业务接近，但钱庄、票号与近代西方各国的银行有着很大的区别。

首先，钱庄、票号中大多数经营规模较小，资金多是一家一户的，有些是一个家族的，很少有广泛集资的，而同时代西方各国的银行却多是较广泛地集资兴办的。钱庄、票号的业务限于国内，而当时西方各国的银行多有跨越国界的业务。其次，钱庄、票号的存放款，用于生产性资金周转的所占比重很小，特别是由于放款利率较高（一般年利率多在2/10上下），用于生产的放贷更少。换句话讲，就是钱庄、票号的业务与生产存在脱节的情况。这样就严重限制了业务范围的扩展。最后，钱庄、票号的人员组成、经营管理具有较浓厚的封建性。其人员上下关系，多靠血缘、宗族、主仆、师徒等来维系，其管理也是家族式的管理。

钱庄、票号的极盛期是在鸦片战争以后的一段时间，随着国内银行业的产生和发展，它们也就因完成了历史使命而走向了衰落。

近现代时期

清中后期经济发展的滞后

与欧洲各国不同，中国在封建社会时期是秩序井然的。除个别混乱时期外，中国大部分地区或者至少汉族居住的大部分地区，都处在统一的封建王朝统治下，中央政府的政令在各地基本都能得到贯彻，宗教势力也服从世俗政权，这就是所谓的"大一统"。

在"大一统"的形势下，城市不可能有"自治"，民间工商业也不可能顺利发展。与欧洲不同，中国的封建官营工商业较为发达，但官营工商业不讲竞争，不注意效益，只不过是官方的变相税收手段。这样的社会环境不可能产生"工业革命"。

客观地讲，中国的地理环境也对中国有不利影响。

中国地域辽阔，却与欧洲各国相隔较远，且交通不便，虽有"丝绸之路"，但运输规模有限，且多是间接接触。这样，当欧洲已经发生了天翻地覆的大变革时，中国统治者和大多数老百姓却并不知晓。中国的周边国家在中古时期少有强国，这使中国的统治者们和部分知识分子滋生了一种妄自尊大的情绪，这种情绪妨碍了中国向外界的学习。中国的统治者和不少读书人仍旧沉醉于"天朝无所不有"的梦境中，直到鸦片战争、中日甲午海战失败以后，人们才开始有所改变。

清中后期货币的极度混乱

鸦片战争后货币的极度混乱，清代白银使用方面的弊病　鸦片战争以后货币的极度混乱，主要是由于列强的入侵造成的，但也与清朝后期或更早就已经存在的一些货币方面的弊病有联系，这突出地表现在白银的使用方面。

清代白银使用方面的根本问题是银两制度的落后。中国自明朝用白银作主币以后，直至清末，一直实行银两制度，官方不铸造统一的银币；官方虽也铸造银锭，但并不禁止私人铸造银锭。而官方铸造的银锭，多是50两一锭的（大约主要为了运输和库存的便利），不但不便日常使用，而且形式简单，是不能视为银铸币的。

当时人们日常使用白银，往往采取临时称量的办法，这种办法麻烦，而且每次都需要进行质量鉴定，经常有作伪和欺诈的现象发生。为此，各大城市陆续设立了银炉房和公估局，负责将外地人携来的银两改铸为本地通行的银两和鉴定银的成色。但中小城镇和乡村往往仍然不能解决防止欺诈和鉴定成色等问题。

清代白银使用上的明显弊病是衡制和成色的不统一。在衡制上，由于清朝各官府间缺乏必要的协调，于是有"库平"、"漕平"、"关平"、"市平"等的差异。奥海关关平一两，约合库平 101 两、漕平 102 两；而各海关的关平又不一样，上下之间有的相差达百分之四五。

由于清朝疆域广阔，各地在衡制上也有差异，据统计，清末有"省平"700余种，一地"通用平"100 多种，各种"市平"更是多得无法统计。同一银锭用不同的"平"来计重，会产生不同的结果。这给贸易造成很大的不便。

官府各系统和各行业、各地区惯用的白银的成色也不统一。据《清通考·钱币》记："官司所发，例以纹银；商民行使，自十成至九成、八成、七成不等，遇有交易，皆按照十成足纹递相核算……今民间所有，除各项纹银以外，如江南、浙江有元丝等银，湖广、江西有盐伞等银……"据估计，清末各地行用的门银不下数百个品种，其成色、价值都有差异。贸易用银，往往需要临时折算，也很不方便。

为了结算方便，有些大城市流行所谓"虚银"，即以一定成色的银两为计算单位，这种银两只存在于人们的观念中，实际支付并不一定用这种成色的银两。

如上海的"规元"、天津的"行化"、汉口的"洋例"等。这种"虚银"就一地来讲，是给人们带来巨大的便利的，但从全国的角度看，在不少情况下也增加了折算的麻烦。

外国银元与外国银行

银元初入中国，大约是在明朝，但大量流入，则在清乾隆年间（18 世纪中叶）以后。银元最先在与海外联系密切的广东、福建行用，随后流行于东南地区及北京。最初银元的大量流入是由于中国蚕丝、茶叶、土布的出口，当时西方商品价格较高，而中国人消费水平低下，所以西方商品在中国没有销路，只好以银元偿付。银元流入后，很快显示出它的优点：易于分合，便于转移或携带；重量和成色划一，伪造较难，信用较好。这些正是中国使用的银两所缺少的，所以，银元比白银越来越受到欢迎（这当中也有外商有意推动的作用）。鸦片战争以后，中国被迫开放五口，许多外商拥来中国。此后，列强在中国的势力不断加强，中国殖民地化程度不断加深，外商来中国的就更多了。随着外商的增多，外国银元也大量涌入，在一些沿海港口城市逐渐成为主要货币之一。

银元既受欢迎，又加上外商有意哄抬（例如强迫买他们货物的中国商人必须用银元付款），银元的身价不断提高，后来其市场价格竟大大超过造价。于是就有外商用外国银元大量购买中国白银运出国境，在国外铸成或兑换外国银元运回中国。在一个时期内，竟出现了银元大量流入而同时白银大量流出的反常现象。

清末流行于中国的外国银元不下几十种，其中最为常见的：西班牙银元、墨西哥鹰洋、英国和日本银元等。西班牙银元，俗称"本洋"，含银量较高，在 90.269%~93.769%，从币上图案上区分有双柱、人像等品种。西班牙银元多是在墨西哥铸造的，因为墨西哥当时是西班牙的殖民地。始造于 1535 年，1821 年停造（此年墨西哥独立），以后流入中国的逐渐减少，而鹰洋流入中国的逐渐增多。鹰洋是从 1823 年开始铸造的，图案是墨西哥国徽：嘴里衔着一条蛇的鹰立在仙人掌上，成色为 85.8%~90.2%，不如本洋，但较稳定，颇受商家欢迎。英国禁止本国钱币出口，所以流入中国的英国银元一般都是在印度孟买和中国香港铸造的。其中孟买铸造的银元图案为不列颠尼亚女神手持叉杖的站像，所以被称为"站洋"或"杖洋"。日本银元为日本明治维新以后铸行，1897 年日本实行金本位制，银元不再是法定货币，于是大量流入中国。

外国商人早就图谋在中国境内设置银行，但因清政府制止而未能实现。中英鸦片战争以后，英国势力侵入中国，英国人不久就在中国境内开设了数家银行。

1842 年前后，英国西印银行（后改名东方银行）在香港设分行，1848 年在广州设分行，随后不久又在上海设分行（其分行俗称汇理或丽如银行）。1851 年英国汇隆银行在广州设分行，1854 年又在上海设分行。此后又有有利银行、麦加利银行等都在中国境内设立了分行。

1864 年由多国商人合办的汇丰银行不久变为纯粹英国商人的银行（总部在香港），它在中国境内的许多大城市都设立了分行，成为在华最重要的外国银行，在相当长的一段时间里掌握着中国关税、盐税的监理权。

英国银行在中国设立分行以后，其他国家也纷纷在中国设立银行或银行的分行，如俄国的华俄道胜银行、日本的正金银行、法国的巴黎贴现银行、比利时的华比银行、德国的德华银行、荷兰的荷兰银行、美国的花旗银行等。

这些外国银行不经中国政府允许，就在中国境内擅自发行纸币。咸丰二年 (1852) 福建巡抚王懿德上奏讲到"蕃票"，指的就是外国银行发行的纸币。

从这时到清末，外国银行在中国发行的钞票可分为两类，即以中国钱币作单位的和以外国钱币作单位的。麦加利、汇丰、德华和花旗等银行都按中国人的习惯发行银两票和银元票，银两票面额有一两、五两、十两、五十两、百两等的，银元票面额有 1 元、5 元、10 元、50 元、100 元等的。日本横滨正金银行的金票则是以日本金币为单位的。

清政府对银行、钞票与民族经济的关系毫无了解，因此对外国银行的活动包括发行纸币等大抵采取不闻不问的态度，致使外国银行的纸币甚至外国纸币都在中国畅行无阻，充分表现了当时统治者的愚昧无知。

清末因财政导致的钱币混乱

清朝自嘉庆朝已显现危机，但尚能维持局面。到了鸦片战争失败，向英国缴纳巨额赔款，财政上已是入不敷出。官方被迫向百姓转嫁负担，这恰恰激化了矛盾，于是轰轰烈烈的太平天国运动爆发了。太平军迅速占领了富庶的江浙地区的许多州县，并坚持十多年，使清朝的税收大受损失。而清廷畏惧激发其他地区的农民暴动，不敢轻易增重赋税。为了镇压太平天国运动，清廷必须筹措大量军费，于是不得不采取许多非常措施，其中包括铸行大钱。

铸行大钱始于咸丰三年（1853），开始是发行当十钱，每枚重六钱，仅相当十枚制钱重量的一半。随后又铸当四、当五、当八、当二十、当三十、当四十、当五十、当八十、当百、当二百、当三百、当四百、当五百、当千等共14种大钱，都是面额大、成本低的钱。同时还铸行当一、当五、当十铁钱和当一铅钱。大钱铸行后不久，像历史上一再反复出现的类似举措的结果一样，私铸泛滥，无法禁止，随后便发生贬值。于是，清廷下令将当五十以上各钱兑收，但仍未能阻止大钱的贬值。

咸丰九年（1859），当十钱在市场上只能折合二枚制钱使用。当时人黄钧宰讲了这样一则笑话：咸丰五年（1855）途经某地，看到一辆车驶来，走近一看，车内装的都是铜钱。一问，全是刚铸好的当十大钱。主人说："现在毁制钱改铸当十钱，扣除工费，可以盈余十分之四五，这种便宜事为什么不干？"过了一段时间又经过此地，却又见到一辆满载铜钱的车，这次车内装的全是私造小制钱。问主人为什么有这种改变，主人回答："现在当十钱只能当二花，我们聚集当十钱，掺加铅锡，改铸小制钱，扣除工费，也可以赚上十分之三四。"（《金壶豚墨·大钱》）他讲的未必实有其事，却生动地反映了当时钱法的混乱。

在铸行大钱的同时，清朝又发行了纸币。有户部官票（以银两为单位）、大清宝钞（以铜钱为单位）两种。大清宝钞又叫钱票或钱钞，起初面额有250文、500文、1 000文、1 500文、2 000文种，后又增发面额为5 000文、50千文、100千文的。

户部官票面额有一两、三两、五两、十两、五十两等多种，都标有"二两平足色银"字样。所谓二两平，是说明银两衡制，指每百两比北京市平少二两（即比库平少六两）。两种纸币依金额而大小不同。大清宝钞和户部官票人们习惯上合称钞票，这就是后来人们称纸币为钞票的起源。

大清宝钞和户部官票在推行中遭到抵制，官方也违背钞票与银钱一视同仁的诺言，在百姓缴纳赋税时限制使用钞票（一般限制在5/10或3/10以下）。于是纸币发行不久就急剧贬值，最后竟贬到面额的3%左右，清廷被迫于同治元年（1862）宣布废止。

这里应讲到一个历史人物——王茂荫（1798—1865），王茂荫字椿年，号子怀，安徽歙县人。他不是什么大人物，也没有显赫的丰功伟绩，但在这次钱法变动中却有突出表现。还在咸丰元年（1851）时，他当时担任陕西道监察御史，就上书清帝，反对铸行虚值大钱，请求发行纸币。他讲的纸币，实际上是一种兑换券，而不是近现代通常使用的那种不兑换纸币。不久清廷就酝酿发行纸币，就把他调进京城参加筹划，后来又把他破格提拔为户部右侍郎、兼管钱法堂事务，成为负责货币事务的主要官员。

然而后来实际发行的纸币却是不兑换纸币，因为清政府发行纸币的目的，不过是要解眼下燃眉之急，并没有长远打算。在当时情况下发行不兑换纸币，后果自然不会好。王茂荫于是二次上书清帝，重申自己的主张，结果遭到清帝严厉训斥，又把他调离户部。这件事在当时造成一定影响，马克思在《资本论》中就提到了这件事。

太平天国钱币

太平天国在定都南京以后，也铸行了钱币。太平天国铸行的钱币，在形式上突破了以往几个朝代和以往农民政权铸行钱币的固定模式。

太平天国没有颁定年号，所以钱文没有年号，正面钱文通常是"太平天国"（"太平天国"的"国"字缺一点，这是当时的特殊规定，因为洪秀全认为世上唯上帝为大，上帝之下世上最高的是王，所以四界之内一个王字就是国。）四字，背面通常是"圣宝"二字。当然，由于太平天国始终处于战时状态下，钱币铸造不可能很规范，个别地区可能铸造了少数形式特异的钱。太平天国钱文称"圣宝"，一般认为同崇拜上帝的宗教信仰有关。

因为在太平天国领导者看来，万物统归于上帝，所以称库藏为"圣库"，称粮食为"圣粮"，钱自然也就是"圣宝"了。

太平天国铸行的钱币数量不多，但因为是在动荡的环境中铸的，种类颇多（近年有人为了谋利也伪造了不少）。有人对现存太平天国钱币做过分析，认为可以将其中多数钱纳入三个系统，或者说归入三套钱之内：第一套的特点是钱文楷书直读，阔边，从大小区分有五等。第二套的特点是钱文为方体宋字，直读，工艺稍差而稍厚重，从大小区分有四等。第三套的特点是钱文较模糊，楷书，背面"圣宝"二字分列穿孔两旁，从大小区分有四等。太平天国钱币一个共同的特点是没有纪值文字，而且从有关文献中也找不到相关记载，所以对不同等级太平天国钱的币值的确定，至今还是个未能完全解决的问题。太平天国钱币还有一些特点，主要为：太平天国不讲年号，所以无年号钱；太平天国是反清的，所以一般钱上无满文；太平天国钱钱文一般不用篆文、不旋读等。

除太平天国以外，其他反清组织如天地会、小刀会在建立政权以后也曾铸行过钱币。但对于这些钱币今人认识很不一致，记载更为缺乏，真伪更难区分。

货币的不统一

随着帝国主义的入侵，各列强在中国划分了势力范围。中国在与列强进行几次战争（鸦片战争、中日甲午战争、八国联军侵华战争等）中都打了败仗，被迫割地赔款，这样中央政府日益软弱无力，失去了有效控制全国的能力。帝国主义又在各地扶植了一些军阀，形成军阀割据的局面。

有学者对清末流行的货币做过分析估计，结果是在全部货币中，银币占61.85%，铜币占24%，纸币占13%；在银币中，中国银元占9.54%，中国银锭占16.55%，外国银元占23.84%；在纸币中，中国的银元票、银两票、铜钱票共占8.48%，而外国钞票占4.77%。这表明当时在中国流行的外国货币竟达总数的1/3。

上述的统计数字不但表明了钱币方面外国势力的强大，更反映了中国币制的混乱。再就银两而言，当时有五十两的元宝，也有重量不一的小元宝，银窠

北京银锭

吉语银锭

子、银饼、银珠等。同一种形状和相同重量的银锭，又因各地成色不同而价值不同。

再看银元，外国银元总数约为中国银元的2.5倍，其中有不同时期铸行的本洋、鹰洋、杖洋、法国贸易银元、日本龙洋、美国银元等不下数十种。在中国本国铸行的银元中，各地银元不但成色各异，而且外形也有许多差异。银元之外，还有各地铸行的或国外流入的规格之一的银辅币（银角、银毫子等）。中国铸行的银辅币照

四川银锭

河南银锭

云南银锭

陕西银锭

广东银锭

陕西银锭

道理应是与银元配套的，但它们却往往自成系统，与银元的兑价常常浮动不定。

在铜币中，既有方孔圆钱，又有无孔铜元，既有官铸的劣钱，也有私铸的劣钱。有各种面额的钱，同一面值的铜钱往往大小厚薄不一样。至于铜元，又因地而异，从重量、质量到外观都各不相同。

纸币在货币总数中所占比例虽小，种类却是最复杂的。发行者有中国的新式银行、各省的官银钱号，也有私人的钱庄、银号以及一些特殊的商号；既有外国在华银行在中国发行的纸币，又有通过各种途径流入在中国行用的外钞。

有时一个银行的各地支行分别发行只在一地行用的不同的纸币。这里应特别讲到各省官银钱号的纸币。各省官银钱号大多数成立于清朝末年，几乎每省都有，有的还不止一个。它们都是省官府办的，资金主要由省官府提供，省官府也往往不加节制地挪用官银钱号的款项。所以，这些省官银钱号大多经营不善，所发行的纸币信用很差，品种丛杂，十分混乱。银行、官私银号钱庄等发行的纸币，既有以铜钱的文、串、吊为单位的，也有以银元为单位的，也有以其他为单位的。真可谓五花八门、多种多样。

民国时期币制极度混乱

民国初年，当时的财政部公文中也讲到货币混乱情况说："现在各省货币，复杂异常，未能划一。福建习用日洋、站洋，东三省通行羌帖、老头票、正金钞票，西北各省行使银两之习惯未除，偏僻地区习惯用制钱之风气未改。可见清末民初钱币的混乱已到了何等严重的程度。

"中华民国"建立后，政权很快被袁世凯窃取，随后又落入北洋军阀手中，中国仍旧处于半殖民地状态，仍旧四分五裂，货币的混乱没有得到改观。

光绪十三年（1887）广东铸行"龙洋"，通常被认为是中国机制币的开端，其实这并不精确。精确地讲，中国机制币产生于 19 世纪 80 年代，因为在那 10 年中，有几个地方都先后尝试用机器制造钱币，难以精确地判定谁先谁后。

从记载看，清朝光绪八年（1882）吉林将军希元下令用机器制造的厂平银币（计有一钱、三钱、半两、七钱、一两五种），应是中国最早的机制币。但铸造时间短，数量很少，影响不大，且是否经过清廷正式批准也不清楚。光绪十二年（1886），福建利用船

光绪像银币

清"子孙荣贵"（当时流行金币之一）

厂轮机制造制钱，面文"光绪通宝"，光背，重八分五厘；次年，浙江用机器造钢模制钱，均很快停铸。

光绪九年（1883）慈禧太后命令李鸿章在天津用机器造制钱，到光绪十三年（1887）才铸出第一批制钱，不久也停铸了。广东于光绪十二年筹建机器造币厂，于次年（也有记载说与制钱同年开铸）先铸银元。这种银元面文中央为汉文和满文的"光绪通宝"四字，周围是标省名和币重的英文，钱背为龙的图案。不久币重减为七钱二分，面文中央部分不变，周围上环书"广东省造"，下环书"库平七钱三分"，钱背中央仍为龙的图案，周环为标币重和省名的西文。

光绪十五年（1889）铸制钱，开始钱背有"库平一钱"四字，后改为满文"宝广"，初铸的重一钱，后减轻为八分。据说广东还为江苏铸造字背文为满文"宝苏"的制钱。如上所述，早期用机器制造钱币的有吉林、福建、浙江、广东等省，但只有广东坚持了下来，在铸造机制币的数量上远远超过别的省份。

光绪十五年，吉林将军长顺派人到上海采买机器，利用宝吉局造机制制钱。光绪二十三年（1897）江南省在南京、次年湖广省在武汉也先后用机器造制钱。这样，宝广、宝吉、宝浙、宝泉、宝直、宝津（沽）、宝奉、宝武、宝川、宝东、宝漳等许多铸钱局都先后用机器造过制钱，但铸行数量较多、时间较长的却只有很少的几个铸钱局。

造成这种情况的主要原因是赔钱，有时造一文的成本竟达二文以上。在当时财政极其困难的情况下，这是很难继续进行的。但后来（1900）铸造铜元有利可图，原先造制钱的机器往往改造铜元，所以机制铜元生产在短期内形成规模，与此有直接联系。

机制银元的情况与机制制钱有所不同

机制银元不存在严重赔本的问题，所以自从广东大量铸行以后，各地认为有利可图，纷纷仿铸。湖北、直隶、江南、安徽、四川、奉天等省都铸行了机制银元，有的还铸行了机制银辅币。

然而，由于缺乏统一协调，各地的机制银元图案、钱文、重量、成色都有差异。它们也有许多共同点，其中之一就是钱背都有龙的图案，所以它们被统称为"龙洋"。从机制银元开始铸行，到清朝末年为止，龙洋的数量已经接近2亿枚，超过当时流通银元总数的1/4，这充分说明机制银元的发展是较为迅速的。

银元广泛铸行以后，出现了一个问题，即当时铸行的银元每枚重七钱二分，而中国传统是用银两制度，不少场合，尤其是税收中要进行折算，颇有不便，于是引发了一场争论。最早主持铸造银元的张之洞提出，他当初在广东铸银元，不过是临时性举措，不宜推广全国。

现在要在全国推行银元，应该铸每枚一两的银元。对于改铸一两银元的意见，有支持者，也有反对者。大抵与外国人接触较多的人主张维持七钱二分制度，他们一般思想较为开明，其中也不免夹杂崇洋倾向；民族自尊心较强的人拥护用两，他们认为用两不用两不过是习惯问题，用七钱二分制是屈从洋人，就中也不免有怀封建保守意识者夹杂其间。争论的结果，主张用"两"者暂时占了上风，于是清朝于光绪二十九（1903）、三十二年（1906）两次试铸行每枚重一两的银元。

到光绪三十三年（1907）光绪帝和慈禧太后先后病死，主张用七钱二分的一派势，每枚一两的制度被废弃，七钱二分的制度便成为长久的制度了。

本国银行的出现

我国唐代就有了飞钱，宋代有官私便换，明清又有钱庄票号，它们都具备某些银行的职能，但是近代意义上的银行在我国却是在帝国主义势力侵入以后，在中国是先有外国银行，后有中国银行。

外国银行在中国吸收游资，又在中国境内投资取利，这种情况刺激了许多中国的有识之士，因而很快就有人提出了中国自己办银行业的主张，但都未能实施。

直到甲午战争后的1897年，才由当时任督办铁路总公司事务大臣、太常少卿的盛宣怀发起，经清廷批准，成立了中国第一家银行——中国通商银行。它是商办官监的银行，总行设于上海。开始创办时曾向官方贷款，但不久以后即予归还，所以通商银行的资本基本上是私人的。在创办银行时，盛宣怀曾表示，创办银行的目的，在于"通华商之气脉，杜洋商之挟持"，但银行建立以后，盛宣怀却不得不请英国人做经理，反映了中国银行业起步的艰难。

在当时来自各方面的"整理币制"的呼声的推动下，同时又是在英国人声称中国若没有一种有法偿资格的统一货币就不与中国政府合作的要挟下，1904年，清廷决定成立作为国家银行的大清户部银行，次年正式开业，第三年改名"大清银行"。

户部（大清）银行总行设在北京，另在上海、天津、汉口、库伦、恰克图、张家口、烟台、青岛、营口、奉天（沈阳）等处设分行。

继通商银行、户部（大清）银行以后，又有四川浚川源官银行、交通银行、浙江兴业银行、四明银行等十几家银行建立。这些银行建立后，一种新型纸币——本国银行发行的兑换券开始流行。

纸币的回归

钱庄、票号产生很早，但它们的极盛，却是在鸦片战争以后。钱庄、票号兴盛的重要表现，就是钱票和银票的广泛流行。有人把钱庄、票号发行的钱票、银票归入纸币一类，但它们同国家强制发行的纸币有所不同。

首先，它们不是法定货币，因而它们代替钱币发挥作用的能力是有限的，例如不能用它们缴税等。

其次，它们流通的范围较为狭小，大抵仅在发行商号影响所及的范围内。再次，它们的发行量都不大，这是因为钱庄、票号一般都规模不大。但由于中国钱庄、票号数量巨大，如咸丰三年（1853）北京因时局动荡，钱铺歇业的有上百家，则平时应有钱庄数百家。据碑记，广州同治十二年（1873）有银号68家。上海光绪二年（1876）有钱庄105家。所以钱票、银票的总数也颇可观，这可能也是清末正式纸币发行较迟的原因之一。

清朝在初年发行纸币出了问题以后，在近200年间一直没有发行纸币。到了鸦片战争以后镇压太平天国运动，财政上走投无路，才于1853年发行不兑换纸币，因动机有问题，所以以失败告终。

光绪二十三年（1897），中国的第一家银行——中国通商银行建立，开始了本国银行券发行的历史。据记载，户部（大清）银行发行的纸币（因为可以兑现，所以性质与兑换券接近）有三个系列，即银两、银元、铜币。以银两为单位的开始定为一两、五两、十两、五十两、百两五种，后来各分行加以变通，增为28种。

以银元为单位的有1元、5元、10元、50元、100元五种。铜币以吊为单位，大约主要是各分行发行的。到清朝末年，共发行银两票计54亿余两、银元票124亿余元。

随后四川浚川银行、信成银行、浙江兴业银行、交通银行等先后建立，各行也都发行了银行券。官方接受前不久发行纸币的教训，注意让户部（大清）银行置备较充足的准备金，实行了可随时兑换本币的制度，发行数量较少，币值较为稳定。清末，官方曾拟议由国家统一发行纸币，但没来得及实行清朝就灭亡了。

新普尔与宝藏钱

新疆新普尔钱与西藏宝藏钱的铸行，是我国境内货币走向统一的重要一步。

新疆地区是我国同中亚国家交界地区，与内地的联系受到地理条件的制约，又是少数民族聚居区，所以在经济、文化诸方面一直同内地有一些差异。新疆地区使用的钱币也比较复杂，自汉唐以来，大抵是既有内地铸行的钱币，也有中亚各国铸行的钱币，还有本地地方政权铸行的钱币。

地方钱币中，既有受内地影响较多的方孔钱，也有受欧洲影响较多的无孔冲制钱。清初以来，北疆逐渐流行内地通用的制钱，南疆则仍旧流行旧式普尔钱。所谓普尔钱，是一种无孔冲制铜钱，桃仁形、而厚，正面用厄鲁特蒙古文书厄鲁特汗名，背面用波斯文书叶尔羌地名。

乾隆二十四年（1759），清朝政府决定铸行新普尔钱取代旧普尔钱。新普尔钱仍用红铜铸造，与白银的比价仍为五十文兑一两但形式有了根本性改变：新普尔钱采用内地通行的圆形方孔式，正面书"乾隆通宝"四汉字，背面分别用满文和维吾尔文书叶尔羌地名。每枚新普尔钱重二钱，折内地制钱十文（后改为五文）。新普尔钱纳入了内地钱币的体系，对于加强新疆与内地的经济交流起到了促进作用。

西藏在16世纪中叶以前以金、银为货币，自己不铸币。以后西藏地方政权与尼泊尔境内的一些政权达成协议，西藏使用的钱币全由后者供应，开始了西藏使用尼泊尔钱币（西藏当地称之为"章噶"）的历史。

18世纪末，尼泊尔制造了大量劣币，用以套取西藏的白银，引起了纠纷。乾隆五十六年（1791），清政府决定改变西藏使用尼泊尔钱币的状况，在西藏当地铸造新币。于是，西藏铸行了"九松西阿"、"九松西著"、"九松西堆"等银币，这几种银币虽改用了新的图案，但在外形上仍效法"章噶"，而且含铜量太大。

乾隆五十八年（1793）开始铸行"宝藏"银币。最初的"宝藏"银币有一钱半、一钱、五分三等，正面书汉文"乾隆宝藏"四字，边郭星状纹间有"五

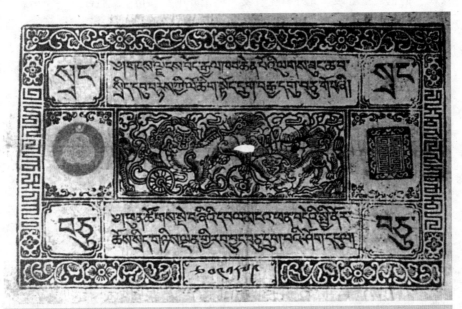

西藏钞

十八年"四字，中央有小方框但不穿孔；背面书藏文"乾隆宝藏"译音，边廓为藏文"五十八年"；正反面文字均套以云状花纹。

西藏地区开始铸行上述几种银币，比广东铸行机制银元的时间早百余年，它们是中国历史上最早的银铸币。

清末川铸藏元　清末时印度已沦为英国殖民地，英国人还想通过印度在中国西藏发展自己的势力，于是英国在印度发行的货币——卢比开始大量流入西藏。为了抵制英国人的经济侵略，清政府决定在四川铸造银元运往西藏。这种银元外观上仿效英印卢比，但英印卢比上铸有英王头像，川铸藏元上便铸上清光绪帝的头像，这种银元在当时起了很好的作用，也成为我国最早的自己铸造的带头像图案的银元。

纪念币　清王朝灭亡了，统治了中国数千年的封建帝制被推翻了，这确实使中国人兴高采烈了一番。为纪念这一伟大胜利，人们铸行了许多钱币。这当中最珍贵的自然是民国"开国纪念币"银元了。这种银元正面中央是孙中山侧身像，上环书"中华民国"四字，下环书"开国纪念币"五字，两侧有梅花装饰；背面中央为"壹圆"二字，下衬嘉禾，周边是 TH REPULIC OF CHINA 和 ONE DOLLAR。但因孙中山的临时大总统职务很快被袁世凯接替，所以这种纪念币铸行很少。

北洋军阀时期铸币

袁大头币　1927年北洋军阀政府垮台，国民党政府曾重铸这种纪念币以示庆祝，但也数量有限。此外，还有黎元洪像开国纪念币、袁世凯（一说为程德全）开国纪念币和南方各省脱离清朝宣布独立以后铸行的纪念币或新币，不下几十种。

推翻了帝制，人们逐渐地在一个问题上达成了近乎一致的意见，那就是中国必须有一个稳定、统一的币制，此后的许多努力、许多进步都是以此为方向的。

在当时情况下，要想统一币制，必须从铸行统一的银元入手。铸行全国通用的银元，清朝末年已有人提出过，清朝政府也采纳了这个意见，铸行龙洋就包含了这种动机。但是，由于清朝已处于土崩瓦解的边缘，所铸龙洋数量有限，而各省所铸从形式到重量、成色都有细微差异。

北洋政府分别于1914年12月、1915年2月在天津造币总厂、江南造币厂铸造袁世凯头像银币（俗称袁大头、袁头币）。袁头币成色为89%（即每枚银元含银六钱四分余），这种新币制作精良，质量均一，颇受欢迎，到1915年秋就在上海取代了龙洋的地位。

1917年，官方规定以袁币为税收的本位币，使袁币的地位更加巩固。1919年，五四运动爆发，在反帝热潮中，上海钱业公会宣布抵制外国银元，袁头币由此取得了第一主币的地位。在中国银元发展史上，袁头币是铸行量最大、使

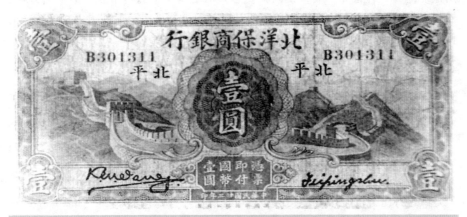

北洋保商银行纸币

震义银行纸币

伪中国联合准备银行纸币上的岳飞像

用最广泛的一种银元。袁世凯因其妄想开历史倒车，做皇帝梦，而遗臭万年，然而袁头币却适应了社会发展的需要，起到了抵制外币、促进国内货币统一的作用。世上的事物就是这样令人不可思议。

但袁头币并没有完成银元的统一，辅币和纸币的混乱更是依然如故。

币制繁杂，币材增加

清末和民国时期，"主币"、"辅币"这两个概念在有些阶段是模糊的，人们习惯上把小面额的银毫、铜元及其他硬币视为辅币，我们就暂时借用一下这个"辅币"概念。当时中国的辅币，既有与银元联系的，也有同铜钱联系的，还有实际上同银元、铜钱都无固定比价联系的。

有中央政权铸行的，也有地方政权铸行的，五花八门，可说是十分混乱了。但是从这些纷乱的辅币中，我们却也可以看出一些积极的东西，那就是中国造币的工艺水平比以前明显地提高了，不但图案较为精美，而且币材也比以前多样化了。作为辅币币材的，不但有铜、银这两种传统币材，还有镍、铝和锑这三种新币材。

中国境内出现最早的镍币是德国人在青岛铸行的，始铸行于光绪三十三年 (1907)，有一角、五分两种。我国自己铸造镍币大约始于民国三年 (1914)，北洋政府铸行了袁世凯五分镍币。此后广东、云南、山西、四川分别铸行了地方性镍辅币。民国二十年 (1931) 以后，镍币铸行得就更多了。贵州省政府铸行了本地行用的锑辅币，上有"锑币当十"字样。国民党政府于 1939、1940 年分别铸行了铝辅币。

币材品类的增加，说明我国造币工艺的进步。

日伪政权时期 1931 年，日本侵略者在中国东北搞出个伪满洲国以后，就图谋建立一个由他们操纵的伪满洲国银行。他们先是把当时东北最重要的四家地方银行，即东三省官银号、边业银行、吉林永衡官银号、黑龙江三省官银号控制起来，然后于 1932 年 7 月正式建立了伪满洲国中央银行。伪满银行成立以后，就着手收缴境内原来行用的货币，发行伪币。

1933 年 7 月，日本侵略者在内蒙古又策动召开了所谓"蒙疆自治筹备会议"，次年建立了伪蒙疆政府。1937 年 11 月，在张家口成立了伪蒙疆银行。发行了与日元等价联系的纸币蒙疆券，后来又发行了作为辅币的硬币。

日本侵略势力渗透进华北地区以后，在其操纵下，于 1938 年 2 月在天津又成立了伪"中国联合准备银行"，这一银行名义上由河北、中国、交通、金城、盐业、中南、大陆、冀东八银行联办，所以称"联合"银行。它的储备从一开始就不足，却大量发行纸币 (后来超过 3 亿元)，因此很快就贬值。日军占领上海以后，1938 年 5 月，又在上海开设华兴商业银行，也发行了 1 角、2 角、1 元、5 元、10 元五种面额的纸币。1940 年 3 月，南京汪伪政权建立，1941 年 1

月，又在南京成立伪中央储备银行，发行纸币"中储券"。

日伪政权操纵的这些银行发行的纸币和硬币，现在还有相当数量被保存下来，它们是旧中国遭受欺凌的历史见证，是日本帝国主义侵华的历史见证。

国民革命时期　国共合作推动下的北伐战争在 1927 年取得了决定性的胜利，胜利果实被国民党窃取了，建立了国民党一党专政的政权。为了庆祝国民党政府的建立，当局将 1911 年"中华民国"开国孙中山先生头像纪念币稍加改动重新铸行。这当中包含有对北洋军阀政府的否定。

当时国内要求币制改革的浪潮一浪高过一浪，国民党政府无法抗拒要求改革币制的潮流，又不敢触动封建势力和外国帝国主义的既得利益，陷入了无法自拔的泥潭。1929 年 1 月，国民党政府下令禁止地方银行、钱庄、商号自行发行纸币。

1933 年 3 月，国民党政府又颁布了"废两改元"的法令。这一法令规定，禁止商业支付中继续使用银两，今后一律用银元结算。于是，国民党政府决定铸行统一的新的银元，其图案正面为孙中山先生侧面像，背面为两艘帆船，成色为 88%，重 26.697 克。尽管国民党政府采取这些措施抱有为实行经济专制作铺垫的动机，但这些措施合乎要求币制统一的民心，也产生了积极的效果。

但是，实行"废两改元"不久，国际市场上白银价格上涨，使银元的铸行遇到困难。1935 年 11 月，国民党政府为了解决因银价上涨造成的铸行银元困难等问题，也为了进一步掌握国家的经济命脉，决定推行"法币"制度。其规定以中央、中国、交通（后又增加农民银行）三银行发行的纸币为法币，旧有其他纸币分期回收，停止使用。

民间所有银元银币等一律以法币兑收，停止使用。为了稳定汇价，允许中央、中国、交通三行无限制地买卖外汇，规定法币一元等于英币一先令二便士半（即 14.5 便士），中国将白银寄存伦敦作为储备。实行上述制度的结果，等于把中国纳入了英镑货币圈内。这引起了美国的不满，美国便怂恿桂系军阀在广西搞币制自主，并为其代印地方钞票。国民党政府被迫与美国谈判，于 1936 年 5 月又与美国达成协议：中国法币与美元挂钩，每法币 100 元等于 30 美元。这样，中国货币同时成为英美两国货币的附庸。

国民党政府颁布"废两改元"法令、发行法币，其重要目的之一是要实现币制统一。但是，这两项措施的施行，并没有达到预期目的。当时有些地区的地方势力很强，对国民党中央政府的命令并不认真执行，有些地区则由于历史等方面原因也一时难于贯彻这两项决定。

这样，当时广东、广西、云南、东北各省及新疆、西藏等地区都没有马上实施有关法令，继续行用本地地方性货币。所以，实行"废两改元"、发行法币，尽管对币制统一有所促进，但并没有达到统一币制的目标。

广东省银行纸币

广东省银行纸币

抗日战争爆发以后，国民党政府财政危机，法币开始贬值。到抗日战争结束时，法币的购买力已降到初发行时的 1‰ 以下，1 美元也不再兑 3 元多法币，而是兑 1 000 多元法币了。

抗日战争胜利后，国民党政府又迫不及待地发动内战，放弃了整顿货币的大好时机，于是法币继续贬值。到 1948 年下半年，美元的黑市价格竟涨到 1 美元兑法币 1 000 万元以上，法币的购买力低到不能再低的程度。

由于法币贬值严重，在人民中间失去信用，一种本来不是纸币的有价证券，逐渐变成了纸币，它就是"关金券"。关金券始发行于 1931 年 5 月，它原是由国民党政府中央银行发行的支付凭证，以海关金为单位，原规定每单位含金 0.6 克余，主要用于缴纳税款。后来逐渐代币流行。

1942 年 4 月，中央银行宣布将其含金量调高为 0.888 克余，按 1 美金元等于 20 法币元的比价作为纸币流行，直到后来发行金圆券才停止使用。

1948 年 8 月，在中国共产党领导的人民解放战争节节胜利的形势下，国民党政府财政濒临崩溃，为了做垂死挣扎，发行金元券。金元券 1 元兑法币 300 万元。但很快金元券就贬值。1949 年 5 月，李宗仁任代总统，又发行了银元券。银元券尚未普遍推行，国民党专制统治已经土崩瓦解了。

中国共产党领导下的根据地时期　五四运动的爆发宣告了我国新民主主义革命开始，中国共产党的建立开辟了中国革命的新纪元。中国共产党领导中国人民进行武装斗争，建立了红色政权，建立了一个又一个革命根据地，于是出现了性质不同以往的新的货币。

国共两党合作时期，开始了轰轰烈烈的北伐战争，北伐战争的胜利，使全国革命形势空前高涨。在这当中，中国共产党领导的农民运动蓬勃开展，许多地方组织了农民协会，不少农民协会积极组织农民支援北伐，帮助地方革命政权恢复生产，发展经济。

在那些革命政权尚未建立的地方，农民协会就代行革命政权的职责。这样，由农民协会创办的信用合作社和农民银行就纷纷涌现。其中有一些信用社、农民银行还发行了兑换券、代金券、信用券等。例如湖南浏阳农民协会的公有财产保管处，为了组织农民生产自救，就发行了代金券元票和角票。湖南衡山县柴山洲农民协会建立了农民银行，为了维护本地经济秩序，发行了总额达 5 000 元的白布币。湖北黄冈农民协会的信用合作社也发行了流通券。

1927 年国民党右派叛变革命，国共合作的局面被破坏。中国共产党人领导中国人民走上了武装斗争的道路，革命根据地由小到大，红区、根据地内发行了许多种货币。1927 年 11 月，广东出现了海陆丰红色政权，即海陆丰苏维埃。次年 2 月，海丰县苏维埃成立了劳动银行，发行纸币。与此同时，朱德、陈毅率北伐军余部在彬县建立红色政权，铸造了"中华苏维埃金币"，有 10 元、20

元两种，随后又发行了名为"劳动券"的纸币。

毛泽东率红军建立了井冈山革命根据地以后，于 1928 年 5 月，在上井村创办造币厂，仿造墨西哥鹰洋，这种银元带有"工"字戳记，表示"工农苏维矣政权"，被称为"工"字银元。它是根据地最早的自铸银元。1929 年，毛泽东率红四军攻占赣西南东固，当年 8 月，成立东固银行，印行 1 元、5 角、100 文、200 文四种面额的纸币，不久，又增发面额为 2 元的纸币。当时根据地刚刚建立，环境恶劣，缺少技术工人，纸币都是油印的，但信誉却很好。

1930 年 10 月，鄂豫皖苏区建立了特区银行（后升格为省银行），它先后发行了银币、铜币、纸币多种。1931 年 6 月，红军贺龙部攻克房县，鄂西北革命根据地形成。不久在房县开设了鄂北农民银行，这一银行铸行了带有"中国苏维埃共和国国币"字样的马克思、列宁头像银币。

在中央苏区，1932 年 2 月，中华苏维埃共和国国家银行在瑞金叶坪成立，行长为毛泽民，它在中央苏区发行了面额为 1 元、5 角、2 角、1 角、5 分的纸币，还铸行了银元、银毫子、5 分铜币。

中央革命根据地铜币　　　　中央革命根据地铜币

1933 年 12 月，川陕省苏维埃政府工农银行成立，它也发行了许多种货币，其中有纸币、布币、铜币和银币，它发行的银币是各苏区中发行量最大的。截至红军北上长征开始前，各革命根据地共发行纸币约 30 种、铸行银元和其他硬币 20 余种。

抗日战争爆发以后，延安成立了陕甘宁边区银行，行长曹菊如。1938 年 3 月，边区银行以"光华商店"的名义发行代价券，面额有 5 角、2 角、1 角、5 分、2 分五种，后来又增发面额 7 角 5 分的代价券。1942 年 2 月，边区银行正式发行"边币"，分期回收"代价券"。

1944 年边区政府决定发行"陕甘宁边区贸易公司商业流通券"，"边币"陆续被收回。其他我党领导的抗日根据地也分别建立了银行，发行自己的货币。此外，某些民众抗日组织也发行了货币。例如 1932 年 8 月，辽宁东北民众救国自卫军曾发行"东北民众自卫军通用钞票"，同时期辽宁又有"辽宁民众救国会流通债券"等。

解放战争时期，各根据地不断发展扩大，各解放区的货币开始向统一的方向发展演化，这为新中国成立后的币制改革作了历史的铺垫。

在新中国即将成立的时候，1948 年 12 月，中国人民银行成立，发行了全新的货币——人民币。此后在党和政府的领导下，新中国清除了旧日残留的各种各样的货币，收回了各解放区的货币，制止了通货膨胀。随着暂时困难时期的渡过和经济状况的好转，1955 年 3 月，兑收解放初期的旧人民币，发行了新人民币。

新中国的人民币在几个方面实现了多少年来中国人民的梦想，显示出自己的巨大优越性。一是人民币长期稳定，从形式到币值变化和波动都很小。二是人民币真正成为唯一的法定货币，无论是外币（外国纸币和硬币）还是其他货币，一律不再在国内流通，货币达到了高度统一。三是人民币是不依附于任何一种外币的独立的货币。四是人民币在制造工艺上也达到了较高水平。

造钱篇

私家无钱炉，
平地无铜山。
胡为秋夏税，
岁岁输铜钱。
钱力日已重，
农力日已殚。
贱卖粟与麦，
贱贸丝与绵。
岁暮衣食尽，
焉得无饥寒！

早自商周，中国就出现了实物货币——贝，其后仿"贝"钱币陆续出现。随着机制货币制造业逐步完善，中国货币经过了漫长的发展阶段。

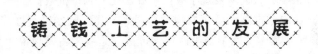

中国可能是世界上最早铸行钱币的国家。荷马史诗《伊利亚特》中有如下的描述：从兰诺斯岛来了一大批载着酒的船队，其他的希腊人急忙前去购买，有的用黄铜，有的用发光的铁，有的用兽皮、牲畜或奴隶。

这些描述反映希腊当时还未使用铸币。在这一史诗中，我们还可以看到用牛作价值尺度的描写，如讲盔甲值九头牛，一名女奴值四头牛等，这说明当时希腊可能是用牛作货币的。

荷马史诗产生于公元前9世纪。考古发掘也没有发现此时期的希腊金属铸币。不但没有发现公元前9世纪的希腊铸币，也没有发现同时期其他国家（不包括中国）和地区铸行的钱币；不但没有发现公元前9世纪的铸币，在中国以外的世界各地，也没有发现公元前8世纪铸行的钱币。

因此，国外一般认为，小亚细亚的吕底亚铸行的一种金银混合、椭圆形钱币，是世界上最早的铸币，它铸行于公元前7世纪。

然而前文已述中国早在公元前11世纪前后的商代后期和西周可能就有了原始布币和金属贝。公元前8世纪时，是我国的春秋早期，当时我国的布币、刀币可能已开始流行。

如近年在洛阳地区几次出土大型空首布，数量较多，这些空首布重量一般都在30克左右，有一个字的铭文。学者们分析，这些空首布就是春秋早期的文物。有些刀币也被认为是春秋早期铸行的。这说明我国金属铸币出现的时间很可能是世界上最早的。

但是，有一个较有兴趣的问题：为什么中国最先出现的是铜铸币而不是金银铸币，为什么此后中国铜铸币的发展也始终优于金银铸币的发展呢？

我国铸钱工艺的发展，比较明显地表现在钱范的发展变化上。最初，人们只是用泥土制作较为粗糙的钱模，每次铸一枚钱，所谓原始布据分析就是这样铸出的。随着钱体的缩小和社会对钱币需求的增加，人们逐渐掌握了在一个钱范内制出较多钱模的技术，于是每浇注一次就可以铸出许多枚钱币，这无疑使钱币生产效率大为提高。泥土制的钱范很不耐用，制出的钱也较为粗糙，人们就改用陶制或石制的钱范，这样不但提高了效率，而且使钱币比以前美观了。

不过，陶制、石制的钱范有易碎等缺点，于是有人又改用铜制钱范，这种钱范不但坚固耐用，而且造出的钱币更加美观。在战国后期，钱范又出现了一次历史性的飞跃，这就是它有了母范与子范的区分。所谓子范，就是直接用来铸钱的钱范，相当于原先已有的钱范；所谓母范，通俗地讲，就是制造钱范的范（或模具）。很早，人们就发现了战国"齐法化"铜母范数件。

1975年，在内蒙古喀喇沁旗发现了燕国"一化"圜钱铅质母范。1983年，在陕西临潼发现了战国末期秦国半两钱铜母范。这些考古发现说明战国后期使用子母范铸钱已有一定普遍性。使用子母范铸钱，要先制母范（它们通常是阳文的），再用母范制子范，最后用子范浇铸。铸钱虽增加了一道工序，但却提高了工效。

这是因为，制作母范虽很费力，但用一个母范可以很快地制出许多子范，这样大大减少了制作子范的时间和劳动，另外还可以用较多的子范同时进行浇铸，铸钱的效率就提高了。母子范的出现意义还远不止于此，更为重要的，由于用同一母范制出的子范都是基本一样的，而用相同子范制出的钱币也是大体一样的，这就为钱币的统一化提供了条件。

在短短数百年里铸钱工艺跨越了几个重要的阶段，达到了较高的水平，这个发展速度是令人惊叹的。在此后的数百年间，铸钱工艺大体只是巩固和消化此一阶段的已有成果，较少有大的突破。

币制的统一

秦始皇统一了中国，随着分裂局面的结束和中央集权国家的建立，钱币发行上的多元化局面也结束了。与"车同轨、书同文"相联系，钱币发行也实现了一元化。秦汉时期的钱币史，与管子、商鞅的经济理论有密切的联系。

秦以前钱币的铸造

如果说弄清我国金属铸币产生的确切时间比较困难，那么弄清我国最早的金属铸币是由谁铸造和发行的，也同样是十分困难的。之所以困难，首先在于记载的滞后和不可靠，其次也是由于有关考古资料未能提供足够的证据。

关于周代（包括春秋战国时期）钱币铸造的记载稍多，考古资料也较多，出土的钱币有铜贝、刀币、布币、环币、蚁鼻钱、郢爰金币等多种，数量上万，但我们无论是从文献还是从实物中，仍然无法搞清当时是否存在私人铸币的情况。

已出土的此一时期钱币，币文标写地名的很多，据统计达上百种。标明不同地名的钱币之间，甚至标为同一地名的钱币之间，在形状、大小、轻重、钱文等方面都存在不小差异。有人由此推断：当时肯定不是国家统一造币，不然造币地点不会如此多，钱币的形制不会如此不统一。

然而这样推断似乎仍有令人持疑之处：首先一个问题是，春秋战国时期的诸侯国在境内统一造币算不算国家统一造币？其次，后代封建国家统一造币，造币地点也有许多，也有在币文中标明造币地点的。

再次，我们也无法知道，当时的统治者是否已经意识到统一钱币形制的必

春秋战国时期铸造的耸肩尖足空首布

战国时期的刀币

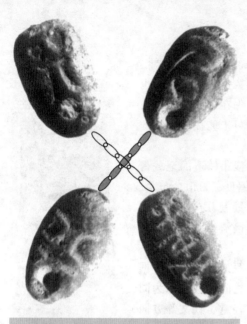

战国楚铸造的蚁鼻钱

洪遵《泉志》载"此钱上狭下广,背平面凸,有文如刻镂,不类字,世谓之蚁鼻钱"。这也是蚁鼻钱最早的定名

要性。所以仅以造币地点多就断定当时国家没有垄断造币是近乎武断的。我们只能通过出土的古币推断:当时许多诸侯国境内都曾铸造过钱币,许多地方(包括诸侯国国都以外的地方)都铸造过钱币,而无法分辨出这些古币中是否有私人铸造的,更无从搞清当时周王室和各诸侯是否允许私铸。退一步讲,且使我们能判定某些钱币是私人造的,仍然无法判定这些钱币是在合法状态还是在非法状态下铸造的。

因此,这里只能讲,根据春秋战国时期钱币铸造地点较多、形制极不统一的情况推断,这一时期可能存在允许私人铸造钱币的情况。

史籍没有明确记载秦以前是否存在允许私人铸钱的情况,但却记载了几次官方铸造发行钱币的事情,除了前面讲过的周初姜太公创行"九府圜法"外,还有周文王、周景王、楚庄王铸行钱币的事。

周文、周景和楚庄铸大钱

《逸周书·大匡》记,周文王见"币租轻,乃作母以行其子"。据此,西周初年就有大小钱,但人们对此多有疑问。

周景王铸行钱币的事,最初见于《国语·周语》。书中记:周景王二十一年(前524年春秋时期),周景王准备下令铸行大钱,国卿单穆公劝阻说:"古代遇到灾荒年就考虑造币的事,调整经济政策和货币发行办法(权轻重),用以救济人民。人民忧虑钱币购买力太低(民患轻),就铸行购买力大的钱币(重币),这样大钱小钱按一定比价同时行用(母权子而行),百姓可以得到实惠。如果百姓觉得钱币购买力太强,就多铸小币行用,也不废止原有钱币,这样也使大钱小钱按比价同时使用,各有各的用途。现在大王您要废掉小钱(轻)而铸行大钱(重),百姓原有的钱就成了没用的东西,能不匮乏吗?百姓匮乏,国家也要匮乏,国家匮乏就要多征税。百姓不愿缴纳,就会逃亡离去。所以大王您的想法是不可取的。"周景王没有听从他的意见,终究铸行了大钱。三国时人韦昭为《国语》作注解,谈到周景王这次铸行的大钱"径一寸二分,重十二铢,文曰宝货"，还说此事使"百姓蒙利"（此据《事物纪原·大钱》引文）。但今人找不到周景王时铸行的大钱，对《国语》的记载和韦昭的注释都有怀疑。

《史记·循吏传》载："（楚）庄王以为币轻，更以小为大，百姓不便，皆去其业。"国相孙叔敖劝庄王下令恢复旧制，庄王听从，于是社会秩序恢复正常。

在以上三个事例中，钱币都是由政府铸行的，尽管所记史实未必可靠，但三种史籍都成书很早，或许可以说明先秦时期的君主是比较关心物价涨落的，并且时常用铸行新币的办法来干预社会经济生活。那么，当时铸币权是否已全部掌握在君主们手中了呢？三处讲的都是君主铸币，这固然说明当时国家垄断铸币的可能性很大，但毕竟不能完全排斥在国家铸币的同时也存在私人铸币的可能。另外，在这三个事例中都有关于"轻"、"重"的议论，表明"轻"与"重"已成为当时比较流行的概念，这与后来轻重理论的形成有着密切的联系。

天圆地方与孔方

今天的人们常常戏称钱为"孔方兄"，这显然与方孔圆形的铜钱有关。方孔圆形铜钱在中国使用了 2 000 年，真可谓源远流长了。前文已述，秦朝以前中国的铜质钱币有刀、布、贝、圜四大类，为什么最后统一要归之于孔方兄呢？现在人们常常认为这与战国后期流行颇广的天圆（圜）地方学说有关。

天圆地方学说创始于何时，很难讲得很确切。《大戴礼记》转引《曾子·天圜篇》讲，曾子的学生单居离问曾子：人们讲天圆地方，真有这回事吗？曾子回答：天在上，地在下，如果天的形状真是圆的、地的形状真是方的，那么地的四角就无法与天相合。我曾听孔子讲："天道曰圆，地道曰方"，即是说天圆地方不是讲它们的形状，而讲它们遵循的"道"有阴阳的差异。

按这里的记述，似乎孔子时代就有天圆地方说了，但（曾子）成书较晚（且不讲《大戴礼记》引证是否有误），所述未必可靠。又《庄子·说剑》载："上法圆天，以顺三光；下法方地，以顾四时。"也有学者怀疑此段文字为后人加入。不过《吕氏春秋》中有两段关于天圆地方的文字，却是战国时期此一学说流行的可靠证据。

此书的《季春纪·圜道篇》讲："天道圜，地道方，圣王法之，所以立上下。"说天道圜，是因为天的精气上下运行"圆周复杂，无所稽留"；说地道方，是因为地上的"万物殊类

战国秦铸造的半两

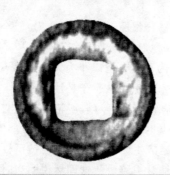

（西汉）永光墓葬出土的"小五铢·瘗"钱
两汉时期的民俗钱币，1968年发掘于河北满城西汉窦绾墓中，是中国早期民俗钱币的重大发现

（东汉）建安五年（200）墓葬出土的"无文·瘗"钱

殊形，皆有分职"。所以"主（君主）执圜，臣处方，方圜不易，其国乃昌"。同书《季冬纪·序意篇》记黄帝教诲颛顼的话中也谈到"大圜在上，大矩在下"是治国根本等。成书时间不明的中国较早的天文数学著作《周髀算经》中也讲："天圆如张盖，地方如棋局。"此外，《周礼》一书述祭天处为"圜丘"，祭地处为"方丘"，也说明先秦时期天圆地方学说已有很大的影响。

战国后期天圆地方学说确已广泛流行，是否方孔圆钱就一定由它而产生呢？这似乎还不能肯定。我们须对方孔圆钱产生的历史作一简单的考察。

孔方兄的产生

从现有的考古发现看，战国时期铸行方孔圆钱的有秦、齐、燕三国。过去一般都认为齐国是最早铸行方孔圆钱的。现已出土的方孔圆钱中，确实是齐国铸行的数量最多。

1960年在济南市区五里牌坊出土的一瓮古币，其中齐国方孔圆钱竟有599枚。其他考古发掘中见到的齐国方孔圆钱也有相当数量。齐国方孔圆钱有"賹六化"、"賹四化"、"賹化"等品种，"賹"同镒，原本是重量单位，因为常与黄金相联系，就被视为财富的代表。"化"即"货"，是货币单位名。由于齐国方孔圆钱往往与刀币同时出土，说明两种钱币在一定时期是同时行用的。于是人们推测，刀币是大额货币，圆钱是小额货币，二者间应有一定兑换比率。从同时出土的其他文物分析，人们多认为齐国方孔圆钱铸行于齐襄王（前283—前265）复国以后，即战国晚期。

齐国的方孔圆钱都有内廓和外廓，这对于保护钱文很有利，在当时世界上是很先进的。可惜没有被后来的半两钱吸取，直到汉武帝时铸行五铢钱，才恢复了内外廓。燕国也铸行过方孔圆钱，已发现的有"明四"、"明化"、"一化"等品种，数量比齐国方孔圆钱少。这些钱被确定为燕国钱币，主要是从出土地点在古燕国界内等情况判定的，至于钱币上的文字，迄今还未能得到清楚而令人信服的解释。

有人提出方孔圆钱先流行于齐，后流行于秦，恰与天圆地方学说的流行同向，以此证明方孔圆钱的与天圆地方说有关的可能性。但是，近年的考古发现对方孔圆钱先流行于齐、后流行于秦的说法提出了挑战。以前，人们看到《史记·平准书》上说，秦始皇兼并六国后，铸行"铜钱识曰半两，重如其文"，就误认为"秦半两"都是秦始皇兼并六国以后铸行的。

1954年，四川发掘巴县冬笋坝和昭化宝轮院船棺墓葬，发现了战国时期的秦半两钱，于是"秦半两"都是秦始皇兼并六国以后铸行的这一传统认识发生动摇。不过，不少人对这两次考古发掘结果仍持怀疑态度。1980年，发掘四川青川县郝家坪五十号战国墓，七枚秦半两钱与秦昭王元年（前306）纪年木牍同时出土，人们对战国时期已有秦半两钱的怀疑才消除。此后，在四川郫县、绵竹、荥经、绵阳，陕西大荔、咸阳、耀县，湖北宜城等地也先后发现了战国秦半两钱。四川青川县的发现同时说明，秦半两钱在秦昭王元年以前就已存在。这时有人又把1962年陕西长安圆孔半两钱与方孔半两钱的事与此联系，认为那些钱更为古朴，或许比四川青川县的半两钱时代更早。

这说明秦半两（一般都是方孔的，圆孔的较为罕见）可能比齐国方孔圆钱产生得早。这种解释有其合理性，因为齐国最早是使用刀币的，新铸行一种与原来币形相差较大的圆形钱币，人们比较难以接受。

秦国铸行钱币时间较迟，或许从一开始就铸行圆形币，即钱文为"重一两十四铢"（有人释为"铢重一两"）的方孔圜钱，所以国民对方孔圆钱较容易接受。秦国先行用方孔圆钱，齐国、燕国受秦国的影响，铸行此种钱币作为原有货币的辅币，似乎是能讲得通的。

在断定秦半两产生于秦始皇翦灭六国之前以后，人们对战国时代的秦国钱币的兴趣浓厚了，于是提出了一些新问题。人们发现，相传为商鞅与其学生合撰的《商君书》中多次讲到"钱"，说明当时秦国货币经济已相当发展。

又史籍记载，前336年秦国"初行钱"，过去人们往往认为这是秦国使用钱币的开始，现在人们倾向于认为这是秦国国家发行钱币的开始，甚至认为这是秦国发行半两钱的开始。人们还把此事同商鞅变法联系起来，认为此举可能是变法的一部分，酝酿于变法时，实行于商鞅已死以后。但这些还有待于进一步的论证和证实。

币制的实行

古籍中颇有我国秦以前就曾实行三币制的记载，如《管子·国蓄》讲"先王以珠玉为上币，以黄金为中币，以刀布为下币"，《汉书·食货志》记姜太公以黄金、铜钱、布帛为三币等，但都找不到足够的证据说明这些记载的真实性。

秦始皇兼并六国后，在经济和文化诸方面都做了一些统一化的事，即所谓"车同轨、书同文"等，在货币方面也做了同样的事。司马迁记："及至秦，中一国之币为三（一说"三"应为"二"）等，黄金以镒名，为上币；铜钱识曰半两，重如其文，为下币。而珠玉、龟贝、银锡之属为器饰宝藏，不为币。"这可能是中国历史上第一次真正实行三（或二）币制。

上引司马迁的记载有一问题，即前文讲"中一国之币为三等"，下文却只讲了金、铜两种币。新标点本《史记》便根据下文把前面的"三"改成了"二"。

这一改却引起了争议：有人提出，秦朝实行的是三币制，而不是二币制。他们举了如下的理由：首先，战国晚期秦国就以布为币。当时的《金布律》规定，以长八尺、宽二尺五寸的布为"一布"，质量低劣或不合尺寸，不能行用。

铜钱与布的比价为："钱十一当一布。"秦代竹简文书有不少关于财物价格的记载，其钱数都是 11 的倍数，如二十二钱、三十三钱、百一十钱、二千二百钱等。这些可以证明日常生活中常常以布计价。秦朝立法多沿用战国晚期秦国已有立法，所以秦朝钱币除了黄金、铜钱以外，应当还有布。

其次，上币黄金价太贵，下币铜钱价太贱，中间应有（布作）中币。再次，司马迁记，秦朝规定"珠玉、龟贝、银锡之属""不为币"，没有讲到布帛"不为币"。

秦半两钱

最后，前文言及，据《汉书·食货志》，姜太公已曾以布帛为币，即"布帛广二尺二寸为幅，长四丈为匹"。说明以布帛为币，古已有之。但人们对此也提出疑问：秦朝既用布为币，为什么汉朝初年币制混乱时期反倒不见有以布作货币的事例呢？秦朝的三币制怎样变为汉朝的二币制呢？秦朝实行的究竟是二币制还是三币制，似乎还难以定论，因为证据还不够充足。

放铸与集权

汉初的放铸

前文已述，秦国在惠文王十二年"初行钱"，有人认为这是秦国国家垄断铸钱的开始。商鞅是主张"壹山泽"的，但不清楚他的这一主张中是否包括国家垄断采矿和铸钱，以及他在变法中是否拟定了这种法令。如果是如此，则秦惠文王二年的"初行钱"就是继续推行商鞅尚未来得及推行的立法了。

近年出土的秦国《金布律·封诊式》，记述有人举发盗铸钱的事，表明秦国确有禁止私铸的立法，说明秦国确有国家垄断铸钱事，只是不清楚是否始于惠文王二年。

秦始皇翦灭六国后，其制度一般都是沿用战国时期秦国的制度，所以很可能实行国家垄断铸钱。一部成书于北宋以前的《楚汉春秋》记载了秦朝末年项梁部下违法私铸钱币的事，也说明秦朝官方是垄断铸币权的。

到了西汉初年，据《史记·平准书》记载，因"秦钱重难用，更令民铸钱"。所谓"令民铸钱"，一般理解为国家不再垄断，允许百姓自己经营铸钱。

于是"榆钱"（大约"榆钱"与下文的"荚钱"是一种钱，都是讲钱小得像榆荚，是很小的钱）盛行。由于榆钱太小，购买力太低，经济恢复以后，人们便感到不方便。吕后二年（前186）官方铸行八铢钱，吕后六年（前182），又改铸行五分钱。关于"五分"的含义，古人有两种说法：一种说是钱的直径为五分（半寸），另一种说法是钱重为半两钱的1/5。不管哪种说法，都认为五分钱是一种较小的钱币，大约人们使用小钱习惯了，一下子改用八铢钱不习惯，所以又重新改用小钱了。无论是榆钱、八铢钱还是五分钱，尽管名称不一，实际钱文都是"半两"两字，所以它们都属于半两钱。

从存世和出土的半两钱（包括战国时期秦国、秦朝和西汉前期三个时期铸行的）来看，真可以讲是大小不一了。大的半两钱的直径、重量等，往往是小半两钱的许多倍，而钱文都是"半两"，这表明半两钱的减重是很明显的。大抵只有战国时期秦国铸行的少数半两钱才是名副其实的，此后的半两钱都或多或少减了重。最小的半两钱重量甚至在二铢以下（半两为十二铢）。

《史记·平准书》又记，汉文帝时"荚钱益多，轻，（朝廷）乃更铸四铢钱，其文为'半两'，令民纵得自铸钱"。这里讲的"荚钱"，有人认为就是指五分钱，有人则认为指民间私铸的小钱。小钱多了购买力下降，官方改行较重一些的四铢半两钱。这次官方明确放弃对铸钱的垄断，允许私人铸钱，这又引出了疑问：汉初既已曾允许私人铸钱，现在又一次允许，是不是中间一度禁止过私人铸钱呢？有人怀疑，在吕后二年官方既铸行八铢钱，大约就下令禁止私人铸钱了，这当然只是一种推测。

不管以前是否有过允许私人铸钱的事，汉文帝时允许私人铸钱却是千真万确的。这从后来贾谊的上书和盐铁会议参加者的发言都可以得到进一步证明。允许私人铸钱以后，为了防止劣币扰乱市场，官方颁行了"法钱"制度，即规定了法定的钱币重量。

贾谊在上疏时提到了这一制度，1975年湖北江陵汉墓中出土的"称钱衡"使我们对这一制度有了更多的了解。这一称钱衡恰恰是汉文帝时期的文物，它是官方颁下专门用来称量钱币的。衡上有墨书42字："正为市阳户人婴家称钱衡，以钱为累，刻曰'四朱'、'两'，疏'第十'。敢择轻重，衡及弗用，劾论罚，徭里家十日。《口黄律》。"意思是：这是颁发给市阳地区商民的正式称钱衡，使用时要以权钱为砝码，砝码钱应标明"四铢"或若干两以及带有序号"第十"标志。凡经称钱衡检验以后的钱，有人仍然要从中择除轻钱、留取重钱的，要严加惩处，罚在本里正处服劳役10天。

这一法钱制度对于迅速增加钱币数量，刺激经济发展，起到了积极作用。汉文帝、汉景帝时期政治清明、经济发展，在历史上被誉为"文景之治"。但时间长了，法制松弛，"法钱"制度也就名存实亡了。钱币混乱的情况愈演愈烈，再加上分裂势力也利用钱币作为反对中央的工具，币制的整顿和变更又被提上日程。汉景帝中元六年（前144），在平定了"吴楚七国之乱"后，朝廷接受贾山的建议，收回铸币权，颁布了私铸钱判弃市罪的严峻法令，允许民间私人铸钱的阶段就此结束了。

这里应讲讲一种方形铜制品，有不少学者认为它们是一种铜钱。中国古币中有刀形、铲形，后来多为"孔方"，方形铜币确属罕见。但是人们发现有数量可观的方形铜制品，它们多带有"四朱"、"三朱"等阴文（少数是阳文），有的还带有地名文字，如"东阿"、"临淄"、"濮阳"等，有的则带有官名，如"丞相"、"监国"等。它们也有穿孔，不过有的竟有两个穿孔。它们重量不一，形状彼此也有差异。有些学者认为它们是砝码，有些学者则认为它们是汉文帝、汉景帝时地方上流行的三铢、四铢钱币，眼下还难于做最后定论。

工商业继续发展引起的不安。司马迁的《史记·货殖列传》是专门记述工商业者业绩的，其中前半部分主要记述秦以前的工商业者，后半部分则主要记述西汉前期的工商业者，而后半部分无论在篇幅上还是在记述的人数上，都要超过前半部分，这在一定程度上表明西汉前期的工商业发展并不比春秋战国时期逊色。

西汉初期，尽管官方沿袭了秦朝的抑商政策，但是商业仍然得到迅猛发展。用司马迁的话来讲，就是："汉兴，海内为一，开关梁，弛山泽之禁，是以富商大贾周流天下，交易之物莫不通，得其所欲。"

司马迁记述了以冶铁致富的蜀卓氏、程郑、宛孔氏、曹邴氏，记述了"逐渔盐商贾之利"善使豪奴的刀闲，记述了有车数百辆，积资七千万的师史，还记述了经营粮食起家的宣曲任氏、经营高利贷的无盐氏等。这些工商业者不但富有，而且有很高的社会政治地位，即所谓"大者倾郡，中者倾县，下者倾乡里"，"千金之家比一都之君，巨万者乃与王者同乐"。

汉武帝时，齐地临淄入主父偃对汉武帝讲："齐临淄十万户，市租千金。"（《史记·齐悼王世家》）所谓市租，就是一种商业税，市租这样多，说明临淄的商业十分兴盛。

随着商业的发展，商人势力也有所增强。这引起了统治集团内部一些人的忧虑。贾谊、晁错在上书中都表示了对商人势力膨胀的担忧。贾谊讲，由于商人势力发展，造成了礼法的破坏，"帝之身自衣皂绨，而富民墙屋被文绣；天子之后以缘其领，庶人孽妾其履"（皇后装饰衣领的东西，普通百姓家的小妾却用来装饰鞋）。

上下尊卑的关系全被倒置了。最使统治者不放心的是，许多大商人同时又经营盐业和矿业等，这些行业的生产地点都在偏僻的沿海或深山里，从事生产的人中不乏逃避官府抓捕的罪犯。所以，统治者对工商业者势力膨胀持忧心忡忡的态度。

最直接激怒汉武帝的是这样一件事：当汉武帝发动了对匈奴等处的战争以后，国家财政十分困难。这时，工商业者们不但不以财力援助国家，反而乘机囤积居奇，大做投机生意。朝廷将捐财助国的卜式等树为榜样，要工商业者效法，但几乎没有响应者。这促使汉武帝下决心打击工商业者势力，把工商业者手中的巨额财富转到自己直接控制之下。

邓钱布天下　在中国，一讲到钱，就很容易联想到邓通，不少古代诗文提到他，不少名胜与他有关，讲钱币史不讲邓通似乎是不行的。

邓通，蜀郡南安（今四川乐山）人，生于士人家庭。像当时许多士人家子弟一样，他在青少年时期进入皇宫，在宫内充当一名没有俸禄的侍从，当时人们称这类人为"郎"，因他被分配到船上做事。这里的"郎"戴黄帽，所以被称为黄头郎。邓通才能、形貌都很一般，他的得宠，纯属偶然。

一天，汉文帝做了一个梦。他梦见自己正要飞升上天，突然受阻，这时一个黄头郎从后猛推自己一下，于是自己便到了天上。醒来后他根据对梦中情景的记忆，暗中寻找那位黄头郎，结果发现邓通与梦中的那位特征相符，认定邓通就是梦中帮自己上天的人，邓通顿时成了最受宠的人。邓通不但得到大量赏赐，而且破格被提升为上大夫。

邓通为人谨慎，得宠后并不胡作非为，这使汉文帝对他的宠爱长久不衰。然而有一次，汉文帝让一位术士给邓通看相，术士竟预言邓通将来必定贫饿而死。汉文帝想：邓通是我的宠臣，我身为皇帝，岂能让自己的宠臣贫饿而死！于是便把当时产铜最多的严道山（今四川荥经县）赐给邓通，特许他自行铸造发行钱币。

此后他造的"邓氏钱"流行天下，邓通便成了全国最富的人之一。但好景不长，汉文帝去世后，汉景帝即位，汉景帝做太子时邓通曾无意中得罪过他，因此汉景帝很厌恶邓通。邓通先是被免了官，随后又被指控曾违法到国境线以外采矿铸钱，被判巨额罚款，邓通的全部家产都被没收仍不够，还欠了官府一大笔钱。

汉文帝的妹妹派人送钱给邓通，全被讨债的官员要去抵债。结果邓通最后竟没有逃脱贫饿而死的命运。虽然《史记》《汉书》都是这样记载的，然而事情的传奇色彩毕竟太浓了，使人难以全部信以为真，其中必有民间传说和文学渲染的成分。后代四川好几个地方的地方志上都记述说本地的山就是当年邓通铸钱的山，而雅安附近有一个地方名叫邓通城，又有一处名"饿死坑"，相传是当年邓通饿死的地方。这充分说明关于邓通的故事流传之广，影响之深远。

吴钱布天下　"吴"是谁呢？"吴"是指吴王刘濞。刘濞是汉高祖刘邦的侄子，因为在征讨黥布时立有战功，被封为吴王。他利用封地内的铜山，（《汉书·吴王刘濞传》）载"招天下亡命者盗铸钱"。从史书所用"盗铸"的措辞看，吴王与邓通不同，后者是经过特许的，而吴王铸钱是非法的。吴王又利用封地靠海的便利，经营制盐。由此他非常富有，竟免除了境内百姓的赋税，用以收买人心。

晁错是汉景帝的亲信，他主张削弱诸侯王的实力，特别向汉景帝提出吴王"公（公开）即山铸钱，煮海为盐，诱天下亡人谋作乱逆"。不久，汉朝廷同诸侯王的矛盾激化，景帝前元三年（前154），爆发了"吴楚七国之乱"。

吴王在叛乱中，曾悬赏激励手下将士：凡斩杀汉军大将者，赏金5 000斤；斩杀列将，赏金3 000斤；斩杀裨将，赏金2 000斤；斩杀2 000石官员，赏金1 000斤。这又说明了他的富有。吴王的叛乱最终被评定了，但吴王因铸钱、煮盐而获得资财，从而具备了同朝廷对抗的实力，这个历史教训却使汉朝统治者不能忘怀。这也成为此后国家重新垄断铸币权的直接构因。

黄金铜钱广泛应用

在我国古代历史上，西汉是使用黄金最多的时期。这一点自宋代时就颇有议论，苏轼在《仇池笔记》中讲："王莽败时，省中黄金六十万斤；陈平四万斤间（离间）楚；董卓郿坞金亦多；其余赐三五十斤者不可胜数。而近世金不以斤计，虽人主（即君主）未有以百金与人者，何古多而今少也？"宋太宗曾问大臣杜镐："西汉赐与，悉用黄金，而近代为难得之货，何也？"

叶梦得也讲："汉时赐臣下黄金，每百斤、二百斤，少亦三十斤；虽燕王刘泽以诸侯赐田生金，亦二百斤。"汉代多黄金，此后差不多成了定论。有人对《汉书》中皇帝赏赐臣下黄金的记载作过统计，总数竟达八九十万斤。其中汉文帝赏赐周勃5 000金，赏赐陈平2 000斤；汉宣帝先后赏赐霍光共7 000斤。

另外，汉武帝赏赐跟随大将军卫青的将士黄金20余万斤，以黄金10万斤给方士去寻求长生不老药。梁孝王死，家中库藏黄金有40万斤。西汉制度，聘皇后用黄金2万斤。王莽实行黄金国有，垮台前，"省中黄金万斤者为一匮，尚有六十匮，黄门、钩盾、臧府、中尚方（均为官署名）处处各有数匮"。

汉代已经习惯以黄金作为价值尺度。有一个流传颇广的历史故事。《史记·孝文本纪》记载，汉文帝想建一座露台，召匠人规划，一算费用须"百金"。汉文帝说："百金中民十家之产"，觉得太浪费，就放弃了原来的想法。这里建露台的费用、普通人家财产数，都以黄金来表示。《汉书·东方朔传》记载，汉武帝要扩大上林苑，东方朔劝谏，其中谈到丰邑、镐邑一带土地肥沃，"号为土膏，其贾（价）亩一金"，是用黄金来表示地价。此外，史籍中还记载有值千金的樽、值百金的剑和马等，也是以黄金为价值尺度的。

西汉黄金多，从考古发掘成果也可得到证明。近年先后在湖南、河南、山西、河北、陕西、江苏、安徽、广西、辽宁的几十个地点都出土了汉代的黄金，汉代黄金的主要形式是金饼和所谓马蹄金、麟趾金。金饼以重一两、重一斤两种最为常见。

黄金使用得无论怎样多，用它的主要还是社会上层，就普通百姓而言，大约经常与铜钱打交道。汉代有些税项是征收铜钱的，最明显的是算赋（人头税）。据《汉仪注》记载，"民年十五以上至五十六，出赋钱，人百二十（钱），为一算"。汉朝又规定每年诸侯王、通侯要向朝廷"朝献"财赋，其数量按封地人口每人每年63钱计。至于与工商业者有关的市租、算缗等税，就更是征收钱币了。

财政收入中钱币占相当比重，则财政支出中相应地也就有钱币，例如官员俸禄就有钱币。《汉书·东方朔传》载东方朔刚步入仕途，"待诏公车"。"奉一囊粟、钱二百四十"。《汉书·贡禹传》记，贡禹任谏议大夫，"秩八百石，奉钱月九千二百"；后来升任光禄大夫，"秩二千石，奉钱月一万二千"。这些记载都反映了西汉官员俸禄部分支给钱币的情况，尤其值得注意的是，当时俸禄支钱也是按月支的，国家若没有稳定的货币收入，是做不到的。

在西汉，人们往往用钱来衡量家产。如汉元帝时，下诏书中讲到，"赀（家产）不满千钱者，皆赋贷种（种子）食（粮食）"。贡禹讲自己："臣年老贫穷，家赀不满万钱。"（《汉书·贡禹传》）这些都表明当时铜钱应用得广泛。

铸币的理论

论著——《管子》和《商君》

《管子》不是管仲本人的著作，而是管子学派一些学者的集体著作。至于具体是哪些人的著作，则又是个悬而未解的问题，甚至这些撰写者是哪个时代的人及是否为同一时代的人，也有许多不同见解。

《管子》有些篇是专门讨论轻重理论的，人们习惯上称之为"轻重诸篇"。一般认为它们撰写年代较迟，但迟到什么程度，也是众说不一，不过它们写成的时间，比西汉末年刘向把《管子》最终整理成书的年代要早得多。

《管子》中的轻重理论，其核心和出发点可以归结为一句话，就是主张国家完全掌握整个社会经济的控制权。《管子·国蓄》对这一思想有相当精辟的论述："国有十年之蓄，而民不足于食，皆以其技能望君之禄也；君有山海之金，而民不足于用，是皆以其事业交接于君上也。……五谷食米，民之司命也，黄金刀布，民之通施（通用物品）也，故善者（善于统治的人）执其通施，以御其司命，故民力可得而尽也。……故予之在君，夺之在君，贫之在君，富之在君，故民之戴上如日月，亲君若父母。"

这就是说，统治者要通过控制物质财富的分配，掌握每个臣民的生杀予夺之权。其中"执其通施"，下文进一步说明就是君主要尽可能多地掌握货币。所谓"通施"，就是到处通用的货币。君主要多掌握货币，途径有两个：一是通过轻重散敛（即贱时买入，贵时抛售），聚集财富。二是君主要"自为铸币"，即国君要垄断铸币权，自己铸币。

轻重理论的另一个重要组成部分是所谓"官山海"，它包括食盐禁榷和国家直接控制矿产品开采两方面。《管子·地数》提出，对有矿的山，要"谨封而为禁，有动封山者，罪死而不赦。有犯令者，左足入，左足断，右足入，右足断"。而控制矿产品开采，也就等于控制了币材的开采。

《管子》和《商君书》都被列为法家著作，《商君书》的经济主张，与《管子》在主张君主要实行经济上的专制方面是一致的。《管子》主张抑商，《商君书》也主张抑商；《管子》主张"利出一孔"，《商君书》也主张"利出一孔"，只是《商君书》的"孔"更狭小，仅限于"耕战"罢了。

同样，《管子》提出"官山海"，《商君书》提出"壹山泽"，二者的实际内容是一样的。二书也有不同，那就是《管子》讲轻重散敛很多，而《商君书》虽也有涉及，却论述较少。

所以，中国古人把《管子》《商君书》中提出的学说合称为"管商之学"，这是颇有道理的。"管商之学"在我国汉朝中叶以后，在国家经济管理方面时常居于支配地位，对货币铸行也起了非常重要的作用。

《管子》中虽然提出了国家垄断开采矿产品和垄断钱币铸造的初步想法，但是论述还不够深入，说理还不够充分。对这些思想和理论的进一步阐述，是由西汉著名政论家、文学家贾谊以及与他同时的贾山做出的。

代表人物——贾谊和贾山

贾谊是河南郡太守吴某的学生，而吴某又是秦朝宰相李斯的同乡和学生。李斯是法家学派的代表人物，是秦始皇焚书坑儒的赞助者。吴某既是李斯学生，思想上难免受其影响，而大约就是他，使贾谊也受到法家的思想影响。事实上，贾谊思想上是儒法掺半的，他在《过秦论》中批评秦始皇"仁义不施"，表现出儒家的倾向；他鼓吹"重本抑末"，却表现出法家倾向。

他提出了一整套货币理论，大抵是同《管子》中的轻重理论同出一辙的，然而他的理论更系统、更有条理，因而在历史上产生了重大影响。他的理论的核心是主张国家不但垄断铸币，而且要垄断币材生产。他指出，允许私人造币，则夹杂铅铁、重量不足的劣币必然泛滥，即使直严刑峻法也难禁止，势必导致市场混乱，危及社会安定。且造币利大，诱使许多百姓弃农务工，不利农业。

国家垄断铜矿开采冶炼则有七大好处（"七福"）：

一是国家垄断铜的采炼，私人无铜不能铸钱，私铸可望绝迹。

二是私铸绝迹，伪劣钱币随之消失，有利市场和社会的稳定。

三是不准私人采铜铸钱，可使大批劳动力回到农业生产中去，有利农业发展。

四是国家采铜铸钱，可以以此控制物价，即"铜毕归于上，上挟铜积以御轻重，钱轻则以术敛之，重则以术散之，货物必平"。

五是国家垄断采铜，可用所炼之铜铸造兵器、礼器，按等级颁赐臣下，"多少有制，用别贵贱"。

六是国家垄断采铜铸币，就可增加国有钱币，国家用这些钱干预经济，"以临万货，以调盈虚，以散奇羡，则官富实而末民（工商业者）困"。

七是国家资财雄厚，就可驱逐匈奴，使外敌望风丧胆。（《新书·谏放民私铸疏》）

国家垄断币材生产的主张，与后世的铜（有时连同铅锡）禁制度有密切联系；国家垄断铸币的主张，与后世严禁私人铸币的制度有密切联系；国家掌握铸币权施行轻重散敛的理论，与后世均输平准等制度有密切联系。所以，贾谊提出的货币理论对后世的影响是不能低估的。

贾山是与贾谊同时代的人，《汉书·贾山传》说"所言涉猎书记，不能为醇儒"，大约思想人也曾受到先秦管商学派的影响。贾山也持与贾谊相近的观点，他也反对汉文帝的放铸政策，对文帝说："钱者无用器也，而可以易富贵。富贵者，人主之操柄也，令民为之，是与人主共操柄，不可长也。"他与贾谊一样，认为掌握铸币权是对百姓实行有效统治的重要保证，因而这个权是绝不能放弃的。

轻重理论、贾谊等的理论，对后世的影响是深远的。此后国家垄断铸币，实行铜禁和钱禁，无一不是以这些理论为依据的。后代许多人提出的有关货币方面的理论，也往往以这些理论为基础，甚至只是在新的历史条件下，对这些理论所作的新阐述。

造反者的钱币

宋朝以前

中国钱币自从摆脱了纪重的窠臼，就带上了某些政治色彩和文化色彩，特别是年号钱，颇有些"布正朔、宣威德"的味道。所以，宋朝和宋以后不少统治者有时明知铸钱要赔大钱，也要坚持铸，这在很大程度上是出于政治上的考虑。这种风气似乎也影响到农民运动领袖，自从宋代的王小波、李顺以后，不少农民政权都铸了钱，其中大部分是年号钱或有政治意义的钱币。农民政权铸钱，大约元末、明末两时期是比较突出的。

宋以前是否有农民政权铸钱的情况，记载缺乏，众说不一。北宋前期李顺政权铸钱或许较为可信。淳化五年（994）李顺称蜀王，建元应运，近年四川出土有"应运元宝"和"应运通宝"钱（各有铜、铁两种），被认为是李顺政权所铸。

宋朝以后

元朝末年，我国南部先后有几支反抗元朝统治的农民军，分别建立了政权。铸行钱币较早的是张士诚部，至正十三年（1353），张部占据高邮，立大周国，不久改元天祐，销毁铜佛，铸行"天祐通宝"钱。天祐通宝有小平、折二、折三、折五四等。面文为楷书，钱背用篆文标价值。铜色发白，制作较精。至正十五年（1355），刘福通部拥立韩林儿为皇帝，建大宋国，改元龙凤，不久铸行"龙凤通宝"钱，此钱有小平、折二、折三三等。

徐寿辉部最早建立政权，但铸钱稍迟。至正十一年（1351）徐寿辉建天完国，到正十八年（1358）改元天启时才铸行"天启通宝"钱，次年改元天定，又铸行"天定通宝"钱，两种钱都有小平、折二、折三三等。

陈友谅原是徐寿辉的部下，至正二十年（1360）他杀死徐寿辉自立，改元大义，铸行"大义通宝"钱，也分小平、折二、折三三等。至正二十三年（1363）明玉珍部在四川建夏国，改元天统，铸行"天统通宝"。此外，朱元璋在建立明朝以前，曾铸行"大中通宝"钱。

明朝末年，主要有李自成、张献忠两支农民军。李自成于崇祯十七年（1644）在西安称王，改元永昌，铸行"永昌通宝"钱，有小平、当五两等。

张献忠同年于成都建大西国，改元大顺，铸行"大顺通宝"钱。张献忠被杀后，他的义子孙可望率余部退入云南，与南明联合抗清，曾铸"兴朝通宝"钱。兴朝通宝钱也分三等：小钱重一钱五分，光背；中等的重二钱六分，背有"五厘"二字；大的重六钱四分，背有"一分"二字。"五厘"、"一分"显然是表示它们所折合的白银数。

永昌通宝——明末李自成起义军永昌年间铸。图为折五、小平均为铜钱

铜 元 的 铸 行

铜元的铸造

铜元的铸造是由于制钱的暂时缺乏，始于清末。据当时官员上奏称，由于缺乏制钱，"民间则搭用竹筹，官中则发给纸券"（印鸾章《清鉴纲目》引陈其璋奏），铜元是作为制钱的法定替代物而被人们接受的。铜元铸造始于光绪二十六年（1900），首先铸于广东，随后各省纷纷仿效，宣统初年（1909）清廷下令停铸。民国初，有些地方又有铸造，但与清朝铜元已非同一系统。

广东开始铸的铜元都标明"每百枚兑银元一元"，上面另有英文"广东一仙"，广东后来铸的和其他各省铸的铜元大都标明当制钱若干（如当五、当十、当二十等），这就是说，大多数铜元都是与制钱联系的，少数铜元与银元联系。宣统年间（1909—1911）又有标当银若干分的，则是与银两联系，但数量很少。

清朝铜元大抵各省铸行的正面都有"光绪元宝"或"宣统元宝"四字，直隶户部造币总厂所铸则正面为"大清铜币"四字，不论是各省所铸还是造币总厂所造，钱背都是蟠龙图案。

每枚铜元的含铜量远不如官方规定的它所值的铜钱的总含铜量，也比它的

大清铜元　　　　　　　　　　　　"光绪元宝"铜元

面额上所标的可兑银币额的价值低，在这个意义上，铜元与虚额大钱差不多，所以铸铜元是有利可图的。据当时人估计，开始铸铜元时，利润可达十分之三四。

正是由于这个缘故，地方官府铸铜元的积极性颇高，全国有17个省、20个钱局铸造，总量逐年增加，到清朝灭亡前夕和民国初年，全国流行的铜元在

五文铜币

甘肃铜元　　湖南铜元

陕西铜元　　四川铜元

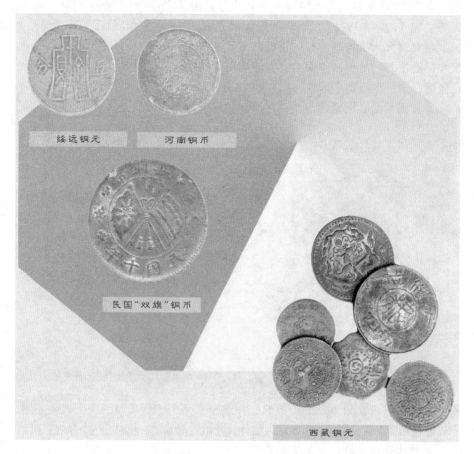

绥远铜元　　河南铜币

民国"双旗"铜币

西藏铜元

300 亿枚以上。随着铜元数量的增加，它与其他货币的比价不断下落，最初 80 余枚铜元可兑银元 1 枚，到清朝灭亡前夕，据梁启超《各省滥铸铜元小史》记，须 180 枚铜元方能兑银元 1 枚。此后因铜价上涨，比价略有回升，但也要 130 枚的铜元才能兑得 1 枚银元。

辛亥革命推翻了清王朝，却没有把中国人民从苦难中真正解放出来，辛亥革命的结果，是使"中华民国"取代了清王朝，"中华民国"政府不久就被北洋军阀控制，整个国家继续处于混乱状态中。北洋政府执政时期，中央政府继续铸行铜元。

从"中华民国"建立，到国民党政府成立，国内实际处于军阀割据状态，各地军阀也铸行了许多种铜元。这些铜元大小不一，形式各异，彼此没有正常的兑换制度。铜元与银元的比价更加低落，最低时 200 多枚铜元才能兑 1 枚银元。机制铜元的大量铸行，排斥了方孔圆钱。这是因为铸铜元本小利大，铸普通制钱赔本，而铸大钱人们又拒绝使用，所以各地都乐于铸造铜元，不愿再铸造铜钱。但是，铜钱的铸造并没有立即终止。首先，机制制钱还有铸行，今存清末机制制钱数量颇多，其中有些就是铜元流行以后铸行的，例如宝广和宝福两局铸的"宣统通宝"机制钱即是。清末可能也还有铸造非机制钱的钱局，例如今存"宣统通宝"制钱中就有一部分不是机制钱。另外，新疆地区在清末也铸行了"光绪通宝"和"宣统通宝"红钱。

清末铸行的机制的和非机制的方孔圆钱

大约在民国初年，铸行了最后一批方孔圆钱。这最后一批"孔方"是云南地区的东川（今云南会泽）钱局铸造的。有当十（较大）、当一（较小）两种。正面钱文为"民国通宝"，背面当十钱书"当十"，当一钱书"东川"。

据说福建民国初年在铸行非机制的圆孔圆钱"福建通宝"的同时，也铸造了圆形方孔的"福建通宝"钱。又据说袁世凯梦想做皇帝时，也令人铸过"洪宪通宝"圆形方孔钱。此外，民国初年有个别地区曾铸过方孔圆形的开国纪念币。这些钱币极为罕见，可能都没有正式发行。

事实上，清末的机制制钱，已经出现改方孔为圆孔的情况。如山东铸的"光绪通宝"虽在穿孔处保留了方形穿痕，实际穿孔却是圆形的。户部铸行的一文"大清铜币"，则完全是圆孔。与此同时，又出现了面值一文即与小制钱等值的小铜元。这说明方孔圆形的传统钱币形式已经从根本上发生了动摇。

铜元和各种无孔硬币逐渐取代了方孔圆钱的位置，方孔圆钱的地位迅速下落，首先在大都市消失了踪迹。不过，在中小城镇和乡村，方孔圆钱还长期地与银元、铜元等混用，直到新中国成立前后才完全退出流通领域。

方孔圆钱在中国行用了 2 000 多年，终于退出了历史舞台。方孔圆钱之所以流行了那么久，除了前面讲过的它所具有的适合中国国情和作为普通铜币的优点外，它的方孔，便于贯穿，使铜钱的可分可合的优点得到充分发挥。但是事物的优点往往是同缺点相关联的，由于有了这个方孔，在制作上添了许多麻烦，也影响了币面图案复杂化、艺术化的进程。而这些，恰恰是银元、铜元及别种币材制造的硬币的优点，所以当"孔方"的独特优点，便于贯穿不再受到重视、变得多余时，它被取代的时代就到来了。

"孔方"被取代是有其历史必然性的，也表现了社会的进步。钱币从有孔到无孔，虽然是很微小的变化，但这一变化在某种意义上却是当时中国社会在悄悄发生变化的一个征兆、一个微小的外在体现，所以具有重要意义。

钱荒篇

有情花解语，
无钱鬼亦愁。
名利远山景，
奔忙无日休。
入世流俗转，
红尘苦贪求。
英雄不逢时，
奈何强出头。

QIANHUANG

"钱荒"现象可溯源到汉武帝,那时便出现了钱禁、铜禁,到了唐朝开元十七年,正式颁布了原铜由国家收购、禁止私卖铜和禁造铜器的法令。到了宋代,铜禁更加严格和细密。本来,钱禁的含义就是指禁止私人铸钱。而造成"钱荒"现象的根本原因,是源于赋税。

纸币的产生

从飞钱到纸币

飞钱

中国的纸币产生于北宋,但追溯源头,人们往往追到汉武帝时的皮币。一张价值不大的鹿皮被行政命令赋予很高的价值,在这一点上,纸币似乎与皮币有共同之处。但宋代纸币与唐代飞钱的关系更密切,而唐代的飞钱与汉武帝时的边粜制度关系更为直接。汉武帝时,进攻西南夷,军粮不足,就招募当地人"入粟县官,而受钱于都内"。这种在边疆纳粮、在京都取钱的做法,与唐代飞钱是比较接近的。

唐代飞钱产生于唐宪宗时,当时地方官府、诸军要向京师输送一部分钱财;有些富人在京师有现钱来源,而一部分家人住在外地缺少现钱使用;恰好一些商人在外地赚了钱,苦于难以运到京师。这样,就产生了同时使这两种需求都得到满足的办法:商人把现钱交给地方官府,或者驻军、富人在当地的家属等,取得凭证,拿凭证到京师领取同样数量的现钱,双方都避免了长途运输铜钱的麻烦。这个办法就是飞钱,

唐玄宗开元通宝金币

136

五代十国期间关注的"天福元宝"(见图)多为大样,钱文隶书、旋读,多光背

又叫便换。飞钱出现不久,就遭到官方禁止。后来,官方感到飞钱可以利用,就由户部、盐铁、度支三处官署经营飞钱。

纸币

宋代的纸币交子就是由飞钱演变而成的。交子是在一个特殊的背景下产生的。四川在唐宋时期是我国经济比较发达的地区,唐朝有"扬一益二"之说,"扬"指扬州,"益"是益州,相当今四川盆地地区,治所在成都。宋代成都盆地地区也是比较富庶的。但是北宋自从灭掉后蜀,就决定在四川强制推行铁钱。铁钱价低体重,重的每贯12.5千克,减轻后也重6.5千克,一个人竭尽全力也拿不了几贯钱。这给贸易造成了极大的不便。

早在五代,楚国马氏铸行大铁钱,就出现了"钱既重厚,市肆以券契指垛交易"的情况。文献记载中讲的"券契"是否是纸币,认识不一,但铁钱太重不利于交易,人们必然要想办法加以克服,这一趋向却是与北宋时的四川相同的。北宋四川经济的发展要求货币随之改进,而官方却偏要在当地推行一种落后的钱币,交子就是在这样的矛盾碰撞中产生的。

关于交子产生的确切时间,很难判定。因为文献记载中只有官营交子的产生时间,即宋仁宗天圣元年(1023),而在这以前已经有由16户百姓办的交子。关于16户百姓办的交子,李攸《宋朝事实·财用》等记载得相当详细:十六户的交子是用同一种纸印制的,"印文用屋木人物,铺户押字各自隐密题号,朱墨间错,以为私记"。钱数是临时填写的。持交子可以到异地取现钱,用交子兑取现钱时,每贯扣取30文作为手续费。

16户每年要为官府提供清理粮仓和修水坝的人力和物资,作为官方允许经营交子的报偿。后来,16户因挪用资金,造成交子信用危机,闹出事来,官府便勒令16户停办。停办后有些地方官要求改为官办,这才有官交子的产生。

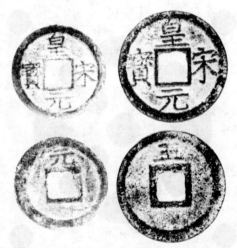

皇宋元宝——非年号钱,分小平和折二,均为铜钱,该钱面文为楷书、旋读、背文纪年(元至六),有版别之分,光背者少见

这 16 户是什么时候开始经营交子的，经营了多长时间，在他们以前是否还有别人经营过交子，我们都无法知晓。至于这 16 户发行的交子除了兑取现钱以外，是否还在市面上代钱行使，史籍中也没有记载。所以，我们只能认为交子的功能与近代的汇票、支票接近，而不敢说它一定具备银行兑换券那样的用途。

官交子的情况就不同了，它有强大的国家作后盾，在官方宣布可以用它代替现钱完纳赋税以后，就赋予了它法定货币的地位，它就在民间广泛地被作为铁钱的替代物来使用了，官交子从而成为真正的纸币了。

纸币的推广

北宋仁宗初期（有人认为是宋真宗时期）世界上最早的纸币在四川地区行用以后，宋廷几次想把它推广到铜铁钱兼用的陕西、河东地区，因与钞盐制度和入中制度矛盾，都失败了。但交子的发行量在宋哲宗末年却由最初的 120 万贯增加到 370 万贯。北宋后期又曾尝试发行以铜钱为本位币的钱引，受到挫折。于是将四川的交子改名钱引，总发行量也减为 250 万贯。

南宋初期财政困难，朝廷很想重新发行以铜钱为本位币的纸币，在绍兴六年（1136）一度试行，但因时局不稳又停止发行了。此间民间却私自发行了性质类似汇票、支票的寄附会子，到了南宋高宗统治末年，官方禁止私人寄附会子，仿效寄附会子发行官会子，以铜钱为本位币的纸币会子终于得到推行。

不久又产生了地方性纸币湖北会子、淮南交子、关外铁钱会子、四川银会子等。它们的总量越来越大，到宋宁宗统治后期已达数亿贯。南宋末年，会子贬值严重，于是宋廷又发行金银现钱关子。在南宋发行纸币以前不久，我国北方的金国也开始发行纸币。这时期纸币的流行在全国范围内已经初具规模。

金发行纸币始于贞元二年（1154），比南宋发行会子的时间还要早些。其纸币名叫"交钞"，恰好与北宋实行人中制度时使用

纸币是用纸印制的兑换的凭证，它本身没有价值，但可代替足值货币充当流通手段。它是在货币充当流通手段的职能中产生的。南宋纸币叫"会子"，后改为"关子"，类似于汇票

的粮草钞同名，或许是受到了粮草钞的某些影响。交钞分大小两种：大钞有一贯、二贯、三贯、五贯、十贯五种，小钞有 100 文、200 文、300 文、500 文、700 文五种。大约金发行小面额纸币也早于宋朝。

交钞没有兑界制度，起初规定以 7 年为限，到期以旧兑新，但金世宗大定二十九年（1189）宣布取消这一规定，交钞便成为中国历史上最早的无限期流通的纸币。

交钞发行在前 40 年较为正常，金章宗承安年间（1196—1200）开始贬值，此后金、宋发生战争，因军费开支巨大，贬值非常严重。到金宣宗贞祐三年（1215），决定废弃交钞，另外发行一种名为"宝券"的纸币。此后至金朝灭亡的约 20 年里，金朝不断废弃旧纸币，创行新纸币。据记载，这些纸币计有通货、通宝、重宝、宝泉、珍宝、珍会、珍货等（各处记载有差异），其中包括以续印制的和以银为本位的。

元在灭金和宋以前就曾发行纸币，灭掉金、宋以后又在全国范围内推行纸币。特别应当指出的是，宋和金都实行纸币与铜钱（有时还有白银）一起流通的方针，对纸币的法偿能力都做了某些限定。特别是宋，长时间地公开推行所谓"钱会中半"的制度，即百姓缴税时，最多只能一半用会子，另一半则必须用铜钱（多缴铜钱不限），这就使纸币的货币职能受到局限。而元可能在大部分时间里，禁止使用铜钱和金银，这就使纸币成为唯一合法行用的货币了。用经济学的术语来讲，元代的纸币才是无限法偿的货币。

最早的纸币

我国是世界上最早创行纸币的国家，其他国家使用纸币要比我国晚数百年，因此，有关我国早期纸币的文物是极其珍贵的。这些文物可以使我们了解最早的纸币是怎样的。宋代纸币至今尚未发现有实物，但是有三组被认为是宋代印制纸币钞版的文物。

北宋人物仓库图印钞铜版

此钞版在新中国成立前流落国外，现仅有拓片。此钞版起初被认为是交子钞版，后来发现，钞版上有关于此钞在四川以外地区行使的说明性文字，显然不是交子，因为交子在四川地区始终是可以用的。

于是人们便认为它是北宋后期在四川以外地区行使的钱引钞版。但此钞版文字草率，图案不够精美，与记载中钱引的样子相差较大，于是有人便认为它是印制北宋后期专用来兑收当十钱的临时性纸币"小钞"的印版。

但是南宋人谢采伯《密斋笔记》中对小钞的样子有记述，即小钞与南宋会子形式接近，票面分三段，上段为敕令，中段为图案，下段为面额及长官签押。这些描述与上述钞版当然不符，因此有人认为此钞版不是宋代文物，是赝品。

宋代纸币文物——南宋行在会子库印钞铜版

1936年由上海收藏家陈仁涛用5 000银元购得的。许多文物鉴定家都认为它是宋代文物，珍贵异常，现收藏于中国历史博物馆。对于它也有人提出疑问，上文已述会子应为"三段式"，现在只有上段与记载相符，中段下段差异较大。

特别是钞版"大壹贯文省"为竖写，字较小，而谢采伯所记却是"横写"大字，且无"大"字（仅为"一贯文省"）。另外，与记载中的钱引相比，此钞版的图案、文字似还嫌粗糙；"行在会子库"几个字较大与通常习惯不合等。颇有意思的是，此钞版行世以后，还有人仿造，人民出版社1978年版《中国通史》第五册就误用了仿造品的拓本图片。仿造品把"敕伪造会子犯人处斩"误为"防伪造会子犯人处领"，把"进义校尉（官名）"误为"进义校听"，说明仿造者对历史知识的缺乏。

关子钞版

1983年7月在安徽省东至县废品中转仓库中被发现的。许多文物鉴定家和钱币学家都认为它是南宋晚期印制金银现钱关子的钞版。但也有人提出质疑：记载中八方印应能拼合成"贾"字状，现有八件难以拼合成此形状；记载中宋代纸币印版都是铜铸的，现有八件都是铅铁质的；记载讲关子上方宝盖幢蟠状花纹以"今代麒麟阁何人第一功"为号，现印版中无此字号等等。另外，此印版在发现以前的流转情况也不清楚。

这里应顺带介绍文献中关于钱引、会子形制的一些记载。元朝费著的《楮币谱》记述了第七十至第七十九界钱引的一些情况。印钱引至少要用六颗印，分用三种颜色。第一颗印是敕字印，第二是料例，第三是年限，第四是背印，内容是说明面额钱数，以上用黑色。第五是正面，用蓝色。第六是团（圆）印，用红色。印的文字和图案复杂而有讲究。

以第七十界钱引（一贯）为例，料例用"至富国财并"五字，敕字印花纹为金鸡捧敕图，年限印以"三耳卤龙文"为装饰花纹，背印图案反映的是"吴隐之酌贪泉赋诗"的历史故事，正面印的花纹为"合欢万岁藤"，团印图案为"龙龟负图书"。

这些记载说明钱引图案复杂且十分精致。关于会子，除上引谢采伯的记述外，《宋史·舆服志》讲到每界会子有印25钮，其中"三省户房国用司会子印"3钮，"提领会子库检查印"5钮，"会子库印造会子印"5钮，"会子库'口口口'合同印"12钮，其中"口口口"处有时是"一贯文"，有时是"500文"或"200文"等。这说明每张会子上至少应有四方印记。又从朱熹控告唐仲友的奏状中分析，会子也是用几种颜色套印的。

据说20世纪30年代在热河大明城（今辽宁宁城）金大定府遗址中曾发现一张面额100贯的金代贞祐交钞，但后来下落不明。现在所能看到的也只有金代印纸币的钞版。其中有金北京路100贯交钞、陕西东路10贯钞钞版（两种）、山东东路交钞10贯版、宝券5贯合同版等，此外近年又出土了兴定宝泉钞版、河北平泉交钞铜版等。

它们与正史记载的情况也有差异，有的被怀疑为后人伪造，对此学术界曾进行过讨论。无论如何，这些文物为我们了解金代钱币提供了重要线索，其中有些则是研究金代纸币的极其珍贵的实物资料。

今人能较多地看到的是元代的纸币。1907年俄国人科兹洛夫最先在内蒙黑城（今属额济纳旗）元代遗址发现了元代纸币。第二年，他又组队前来，掠走了包括纸币在内的大量元代文物，现在彼得堡艾尔米塔什博物馆收藏的中国元代纸币，主要就是科兹洛夫的"战利品"。

此后人们又多次在此处发现元代纸币。到了1983年，内蒙古文物考古所等单位组成考古队，对黑城进行了较彻底的清查，结果又发现元代纸币200多张，其中有正元通行宝钞（内有二贯、一贯、二百文、一百文四种面额的）和至正交钞（只有面额一贯的）两种，较完整的有17张。这些我国早期纸币实物可以使我们对古代纸币有一个感性认识。

计量方式

我国自东晋南北朝时期就出现了一个颇令人困惑的现象，即在经济活动中计算钱数时，把不足100文当作100文计，把不足1 000文当作1 000文（贯、缗、串）计。这种奇怪的计量方式居然在我国长期存在，并在唐宋时期达到最盛。

由于人们习惯上把100文称为一"陌"，于是就有"短陌"、"长钱"、"足陌"的说法，即以较少的钱当作百文就是短陌，以较多的钱当作百文就称长钱，而把十足的100文称为"足陌"。东晋著名道士葛洪在他撰的《抱朴子》中就讲到有些人"取人长钱，还人短陌"。南朝刘宋时期，有些贵族以"短陌"钱放贷，盘剥平民。

萧梁时期，东部地区以80文为陌，称"东钱"；西部地区以70文为陌，称"西钱"；京师以90文为陌，称"长钱"。官方曾下令一律使用"足陌"钱，但收效不大。有人认为，萧梁的"短陌"现象与发行铁钱有关，即短陌铜钱的文数就是每百文铁钱所能兑到的铜钱数。这种推测是否正确很难判定，因为缺少记载，况且梁朝发行铁钱后是禁止铜钱使用的，照理是不会有二者间的比价的，除非官方的禁令毫无作用。而且东晋、刘宋没有发行铁钱，为什么也存在"短陌"现象呢？

唐朝的短陌现象大约与官方的"垫陌"税有关。唐玄宗初年，创行"垫陌"税，凡官方支出现钱，每贯（千文）抽收20文为税。不想此后民间就流行以980文作一贯的计量办法了，官方下令禁止也未奏效。后来垫陌税增为每贯70文，民间的一贯就减为930文。

此后不知是否也是由于垫陌税增加，民间每贯钱包含的钱文数继续减少，官方规定的每贯钱应含钱文数也不断减少。到唐朝末年，每贯钱的法定数只有850文，民间有些地方比这更少。五代的汉为了增加税收，又规定凡官方收入，每贯钱须有800文，支出则每贯770文。五代的周沿用了这一规定。

到了宋代，钱陌数更加不统一。为了划一钱陌数，宋太宗时官方正式规定公私出入一律都要以770文为一贯、77文为一陌，由于这一数额是"官省"定的，所以称为"省陌"，简称"省"，于是官私文书中常常可以看到"××贯省"的讲法。官方同时对度量衡也作了划一，于是便又有"省斤"、"省尺"、"省斗"等。官方虽有这样的规定，在许多场合确实也得到实施，但省陌却远不是唯一的计量办法，在另外不少场合人们是使用别种钱陌的。官方计量有时就使用足陌、98陌或80陌，民间贸易更是各行其是。

据《东京梦华录·都市钱陌》记："都市钱陌，官用七十七，街市通用七十五，鱼肉菜七十二陌，金银七十四，珠珍、雇婢妮、买虫蚁六十八，文字五十六，行市各有短长使用。"这种混乱的计量，给交易带来不便，常常需要作不同"陌"之间的换算，于是宋代数学书把换算钱陌作为应用题的重要一类。

金统治中原地区时期，也流行短陌。《金史·食货志》记，金世宗大定十八年（1178）以前，"民间以八十为陌，谓之短钱，官用足陌，谓之长钱"，此年官方规定以后一律以80为陌。但这一规定也未得到很好贯彻，民间多以五六十文为一陌，邻近宋朝的地区，据说竟有以一二十文为一陌的。明清时期也有短陌现象存在。据古书载："京师用钱以五百为一千，名曰京钱；宣郡以三百三十三为一千，名曰宣钱；通州以东至山海关以一百六十六为一千，名曰东钱。不知起于何时，相传前明兵饷不足，以故减短之数因地而异。"清人高士奇讲："今京师以三十三文为一百，近更改至三十文为一百，席上赏人通行不以为怪。"（《无禄识余·钱陌》）短陌现象直到清朝末年还在一些地区流行。

宋朝不但铜钱的铸行量达到历史最高水平，而且铁钱的铸行数量也十分可观（可能也是中国历史上最多的）。铜铁钱之外，黄金和白银也部分地投入流通，发挥部分货币职能。宋朝又发行了世界最早的纸币，纸币一开始就发行100万贯，此后陆续增加。开始只限于四川，北宋后期扩展到别路。

南宋几种纸币并行，高宗末年总数就达数千万贯，宋宁宗开禧年间发行量突破亿贯，南宋末年更达十亿贯以上。纸币之外，宋朝发行的钞引、便钱券和其他有价证券也具备部分货币职能，数量也以千万贯计。这样说来，宋朝的"钱"真可谓空前地多了。

宋朝的"钱"这样多，可当时的人偏偏又总感觉钱少，"钱荒"这个词就是宋代人发明的。"钱荒"成了宋代人们常常议论，而又迟迟得不到解决的问题。从可以查到的资料看，最早使用"钱荒"一词的是大文学家欧阳修。他在宋仁宗庆历二年（1042）上书批评某些地方官为了讨好皇帝向皇帝进献大量铜钱，提到东南地区百姓家中已没有铜钱贮存，"淮甸号为钱荒"，刚上任的淮南地方官却用献钱来向皇帝献媚取宠。这以后，关于"钱荒"的议论常常出现，直到南宋后期始终是人们十分关注而又没能解决的问题。

宋朝人们对钱荒议论较多，但实际上钱荒在唐代中叶以后就出现了，只不过当时还没有"钱荒"这个术语罢了。唐玄宗时由于交易中缺少钱币，开元二十年（732）和开元二十二年（734）两次下诏书，要求交易中要钱帛兼用，不准只用铜钱，不用绢帛。唐宪宗元和六年（811）又下令"公私交易，十贯以上，即须兼用匹段（绢帛）"，不准专用铜钱。官方强迫百姓交易用绢帛代替一部分铜钱，显然表明钱荒较为严重。

钱荒现象的存在给人们提出了一系列问题。唐代出现钱荒，或许还可以用钱币供给不足来解释，然而宋朝铸钱那样多，又有那样多的钱币的代用品，为什么还会出现钱荒呢？既然是钱荒，为什么金银不"乘虚而入"，重新完全回到流通领域来呢？更加使人感到困惑的是：既然是钱荒，铜钱的购买力应当较常时高，但我们看到的却是从唐朝中叶到两宋，铜钱的购买力呈不断下落趋势（即以铜钱衡量的物价水平不断上升），铜钱的购买力应当上升为什么反而下落呢？为什么已经出现钱荒，官方已经下令严禁铜钱的销毁、外流之后，铜钱的销毁和外流依然严重存在呢？

钱禁与铜禁

实行钱禁、铜禁是以轻重理论为依据的。垄断矿产资源的做法大概先秦时期即已存在，垄断货币制造至少可以追溯到汉武帝。前文已述，贾谊是钱禁与铜禁的积极提倡者。但到了唐朝初年，虽然仍是国家垄断铸钱，对钱禁却不很强调，对垄断币材——铜的生产销售，更无明确立法。到了唐玄宗开元十七年（729），才正式颁布原铜由国家收购、禁止私卖铜和禁造铜器的法令。但这项法令开始并没有得到认真贯彻。数年后有位名叫刘秩的官员又重新提出这个问题。当时，宰相张九龄建议：允许民间按政府规定的形制自己铸造钱币。刘秩等人提出反对，刘秩除重复贾谊等前人已有看法外，着重强调了实行铜禁的重要性。他说，有人主张让百姓自己铸钱，主要原因是由于铜贵铸钱赔本，实际上，只要禁止制造和使用铜器，就会使铜价降低，官方就不会把铸钱看成是困难事了。

他的说法很有鼓动性，虽未立即被采纳，此后铜禁的加强却以此为开端。张九龄建议允许民间铸钱，与当时"钱荒"已初露苗头有直接关系，而此后钱禁、铜禁的加强，也与"钱荒"关系密切。

到了宋代，铜禁更加严格和细密。铜矿采炼所得原铜一律由国家统一收购，铜器一般由官作坊铸造出卖，而且只许铸造乐器、礼器、铜镜等器物，其他器物一律禁止铸造。

宋神宗时期推行新法，曾对铜禁稍有放宽，即允许私人从官府购买原铜后铸造和贩卖某些铜器。但宋哲宗即位后就宣布停止实行，此后再也没有类似放松铜禁的举措。

相反，北宋后期和南宋，举行过数次大规模查抄民间私有铜器的活动，查抄来的铜器都被用以熔化铸钱。

本来，钱禁的含义就是指禁止私人铸钱，但唐朝中叶以后却增加了新内容。由于一方面"钱荒"严重，另一方面却存在销熔钱币制造铜器、严重的钱币外流和大量贮存钱币的情况，所以官方颁布了禁止销毁钱币、禁止钱币外流和限制贮存钱币的严厉法令。

其中限制贮存钱币的法令最难实施，因为实行起来非到各家各户搜查不可，很不得人心。而且藏钱多的往往是权贵，一般官吏也不敢去查。所以限制藏钱的法令实行的时间较短。而禁止销毁钱币、禁止钱币外流却成为宋朝从始至终努力实行的政策，有关法令重申不下数十次。地方官的官衔都带上了"搜捉铜钱下海出界"等字，并以此作为官员考核的重要内容。

赋税与钱币

如果我们仔细分析唐宋时期钱币方面的奇怪现象，就不难发现，各种看来反常的现象都同赋税有关。

唐朝的钱荒同两税法的实行有关。两税法以钱（夏）、粮（秋）两项立为定额，刚颁行的时候正赶上通货膨胀，钱不值钱，夏税征收钱币很合百姓心意。通货膨胀一过去，人们便吃不消了，因为物价大幅度下跌，人们要卖很多产品才能凑够夏税钱，这就暴露了税额过高的弊病。

夏税以钱数作为定额，在通货膨胀过去以后，官方允许百姓折成实物缴纳，但折价偏高，有时百姓宁可缴钱也不愿缴实物，有时官吏又强迫百姓缴钱，所以实行两税法以后，赋税中征收钱币的比率大大增加了。正是因为两税法引出了这些问题，唐宪宗、唐穆宗间爆发了一次关于钱币与税法的大辩论。大诗人白居易在那次大争论中写了《赠友》诗讲：

私家无钱炉，平地无铜山。

胡为秋夏税，岁岁输铜钱。

钱力日已重，农力日已殚。

贱卖粟与麦，贱贸丝与绵。

岁暮衣食尽，焉得无饥寒！

有人曾对白居易在这里表述的意见提出质疑说：农民固然不能铸钱，但唐代商品经济已较为发达，他们可以通过贸易获得钱币来纳税。显然这里有一个如何评价唐代商品经济水平的问题。事实上，唐代（也包括宋代）商品经济的发展远远未能达到普通农民都大量从事商品生产的程度，一般农民更不可能积攒下钱币以供纳税。

所以，官方把纳税日期一般都定在收获季节，每当收获季节，农民一齐把刚获得的农副产品推向市场，就出现了白居易所讲的"贱卖"、"贱贸"的现象，白居易的这种意见在当时有识之士中占大多数，陆贽、韩愈、杨於陵等都持与他相同或相近的观点。在他们的推动下，唐朝对税制作了某些改良，起到了积极效果。

宋初并没有发生钱荒问题，钱荒问题明显化的时候，恰恰是赋税征收钱币较多的宋仁宗庆历年间。钱荒的又一次高潮，是在宋神宗在位时期，当时推行新法，官方每年征收的钱币总数比以往新增数千万贯，这也遭到许多有识之士的批评。当时文人孔平仲写的《铸钱行》诗讲：

三更趋役抵昏休，寒呻暑吟神鬼愁。

从来鼓铸知多少，铜沙叠就城南道。

钱成水运入京师，朝输暮给苦不支。

海内如今半为监，农村斗粟却空归。

他把宋朝的钱多和钱荒都说到了。一方面是拼命地铸钱，另一方面是广大农民得不到钱，这就是唐宋时期钱多与钱荒并存的实质。

当然，南宋时期的情况又有不同，当时经济遭到破坏，各方面都大不如北宋，铸钱的数量也大幅度减少。南宋的钱荒更突出地表现出仅仅是铜钱（有时还有铁钱）缺乏，纸币不但不缺乏，而且往往是过剩。由于生产遭到破坏，物价上涨，所以常常是钱重物也重（物价上涨）、钱荒物更荒（生活必需品缺乏）。所以，南宋的情况最清楚不过地说明了，钱荒并不等于流通手段的缺乏，更不一定反映商品经济的兴盛。

钱币分区

钱币分区是与铜禁、钱禁密切联系的。在唐朝，大儒韩愈曾向唐穆宗建议，为了防止铜钱向南流出境外，应当在五岭地区设银货币区，把当地铜钱回收转移到内地，五岭地区"买卖一以银，盗以钱出岭及违令以买卖者，皆坐死"。他的建议没有被接受，但是他的想法在宋代却得到某种意义上的实现。

前文已述，宋代在四川强制推行铁钱，原因之一是防止铜钱从西南地区流出。后来在陕西、河东地区搞铜铁钱兼行区，也含有防止铜钱流入西夏、辽的意图。但是北宋时期钱币分区与铜禁、钱禁的关系还不明显，南宋时期这种关系就显得十分突出。南宋时期，防止铜钱、铜器外流的重点，一是在沿海，二是在宋与金、夏的交界处。南宋的铁钱区在北部连成一长条状区域，显然主要动机在防止铜钱、铜器向金、夏流去。

当然，宋朝在一些地区强制行用铁钱，目的决不单单是为了加强钱禁、铜禁，这当中还有铸行铁钱本小利丰的问题。北宋时期陕西、河东地区和南宋时期淮南地区在较长时期中一直存在币制混乱问题，说到底，就是因为官方追逐利润，过量铸行铁钱所导致的。

宋朝人为地划分钱币区，在一些地区强制推行铁钱，不准使用铜钱，导致了一系列与之相关的新情况。

首先，在四川铁钱区出现了最早的纸币，这种纸币是以铁钱为本位的，因此不能到铜钱区去使用。南宋时期，除四川地区继续行用钱引这种纸币外，在淮南又发行了新的以铁钱为本位的纸币——淮南交子。这种只行于一方的纸币，起到了强化钱币分区的作用。

其次，钱币分区对地区间的经济交流造成不便。人们在跨越钱币区时，必须兑换钱币，这给商业活动造成的困难是不小的。南宋时期，诗人陈造写《钱弊》一诗批评钱币分区对社会经济和百姓生活造成的不良影响，诗中说："为家重墙垣，为民须货殖。扬庐国百户，东南赖控扼。淮民鱼米余，百货仰殊域。用铜防外泄，用铁乃奇画。一利伏一弊，救弊要得策。持货贸官券（官券指会子，当时淮南百姓向内地人购买物品要用会子，有时纳税也要缴会子），舍此莫衣食。钱货天下用，铁（按指铁钱，下同）乃限南北。坐令两淮民，块处断贸易。计铁取券直，十才取六七。"诗人刘过也愤然写诗道："淮民穷到骨，忍复榷其肌？不知铁钱禁，作俑者为谁。行商断来路，清野多流离。"

钱币分区是前代所没有的，是人为造成的，是我国钱币史上一个很独特的现象。

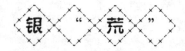

阅读中国经济思想史书籍，会发现一个怪现象，即明末清初一些进步思想家，在货币问题上都有一种"开历史倒车"的见解，即主张废罢白银重新使用铜钱。例如被誉为明末清初三大启蒙思想家的顾炎武、王夫之、黄宗羲和清初思想家唐甄都持这种看法。为什么会这样呢？要弄清这个问题还得从"银荒"

说起。

唐宋时期出现过"钱荒"，明代后期和清代前期则出现了"银荒"。顾炎武就讲过他亲眼见到的陕西"银荒"情况。他说：当时陕西大丰收，却出现了"民且相率卖其妻子"的景象，"至征粮之日，则村民毕出，谓之人市"。他向当地长官询问，得到的答复是因为无法办集纳税所需白银，一个县每年有近千人卖身军营，逃亡自尽的又不知道有多少。谭纶说："天下之农夫织女终岁勤动，弗获少休（不能得到一点休息时间），每当催科竣急之时，以数石之粟、数匹之帛不能易一金（一两白银）。彼一农之耕，一岁能得粟几石？一女之织，一岁能得帛几匹？而其贱若此，求其无贫不可得也。"靳学颜也讲，自从纳税用银，"银独行则豪右之藏益深，而银益贵，银益贵则货益贱，而折色（指纳税用的白银）之办益难。而豪右者又乘其贱而收之，时其贵而粜之"，百姓就会越来越困难。清康熙年间，唐甄描述江南"银荒"情况道："清兴五十年矣，四海之内，日益困穷"，"至于今，银日益少，不充世用……枫桥之市，粟麦壅积，南濠之市，百货不行"。以致出现"谷贱不得饭，肉贱不得食，布帛贱下得衣"的怪事。显然，许多有识之士都主张废弃白银，就是因为看到了"银荒"造成的严重后果。至于他们的见解是否正确，那又另当别论了。

为什么会出现"银荒"呢？"银荒"和"钱荒"一样，也是同税收密切联系的。进一步分析可以看出，"银荒"的存在，主要表明了商品经济发展的不平衡。

顾炎武就讲，如果在"通都大邑"即大都市实施赋税全部征银，是完全可以的，但如果在"遐陬僻壤、舟车不至之处"征税，就是3/10的税征收白银也会造成恶劣后果。

明清时期，商品经济较为发达的，大抵只有东南沿海等少数地区，多数地区商品经济还很不发达。"一刀切"式地全用白银纳税，而征税时间又那样集中，就难免有部分地区出现"银荒"。"银荒"的主要受害者是广大农民。

钱文篇

鹏搏九万，腰缠十万，
扬州鹤背骑来惯。

事阑笑，景阑珊，
黄金不富英雄汉。

一片世情天地间。

白，也是眼；青，也是眼。

QIANWEN

　　中国是世界文明古国,悠久的钱币文化是其重要组成部分,钱币艺术与文化是劳动人民智慧的结晶,中国古代文化史上的国宝、珍品。

　　追溯商代,中国就出现了实物货币——"贝",其后各种不同的仿"贝"类钱币陆续出现,钱文化亦应运而生!

钱　币　理　论

　　如果说,春秋战国时期钱币本身飞速发展,而货币理论却相对滞后的话,那么,东汉至隋这一时期的情况恰恰相反,钱市本身的发展相对迟滞,而关于钱币的理论却得到较快的发展。关于钱币的理论的发展,得益于此时期关于钱币的激烈争论。

　　此时期关于钱币的争论很多,最引人注目的有三个问题:关于废罢钱币和反废罢钱币的争论和关于国家可不可以放弃垄断钱币铸造权的问题。早在西汉后期,贡禹就提出了废罢钱币的主张。他提出,每年国家用于铸钱的人力、物力太多,妨碍了农业生产。钱币的增多刺激了人们求利的心理,造成犯罪的增加。他主张撤销官方铸钱机构,禁止商业活动中使用钱币,国家税收和官兵俸禄也不再征收和支给钱币。但是,他的意见被否定了。

　　但三国时期这种主张被提出,而且被魏文帝采纳。废罢钱币以后,出现诸多问题,于是反对废罢钱币的主张又开始抬头。其代表人物有曹魏的司马芝和东晋的孔琳之等。史籍中较详细地记载了孔琳之的意见。他分析了谷帛不适合做货币的特性和钱币的优点,证明行用钱币的必要性。他还论证了把社会上存在许多弊病归罪于钱币,是没有道理的。但到了南北朝时期,周朗和沈约却又重新提出了废罢钱币的主张。他们主要都是从重本抑末、重农抑商的角度来提出问题的。

　　南朝宋大明元年(457),一位"手不知书,眼不识字"的将军提出了一个关于钱币的新颖建议。这位将军即沈庆之,他提出的建议:现在市上钱币缺乏,应当让各郡县开设"钱署",让想铸钱的人在署内自己铸造。官方规定钱币的样式及轻重等,监督铸钱者实行,并将已铸成钱中不合标准的予以剔除,不让它们流行于外。官方另向铸钱者征收 3/10 的税。

沈庆之这一建议,将原先完全由官方经营铸钱改为官民共同经营,是对国家垄断铸钱的一种变通。近代西方国家铸造金币,据说也一度采用过这种办法。但是沈庆之建议带有脱离当时中国实际的问题,遭到许多人的批评反对,反对者中有一位名叫颜竣的官员分析得较为得当。他首先讲,眼下钱币缺少,主要原因还不是铸钱人少,而是铜少。沈庆之建议没有谈到如何开采铜矿,是没抓住要害。然后他讲,眼下都是用铜器铸钱,将来铜器用尽了,铜价就会升高。铸钱用高价铜做原料,又要缴 3/10 的税,就可能赔本,这样就不会有人到钱署里铸钱,沈庆之的计划就会落空。他认为当务之急是组织开采铜矿,禁止使用铜器,坚持铸行五株钱。

东汉以后,特别是南北朝时期,官方常常用铸减轻钱的办法来谋利,这样往往引出很坏的后果。针对这种情况,南朝齐高帝时孔凯写了《铸钱均货议》,提出"不惜铜爱工"的主张。他说,目前货币制度上的弊病,主要是"轻重屡变",缺乏稳定性。钱币过重和过轻都不好,但过轻效果更坏。这是因为铸行减重币固然可以使国家得到一时的好处,但却势必引起盗铸泛滥,搅乱正常的社会秩序,最终是得不偿失的。

所以,国家铸币,要坚持"不惜铜爱工"的原则,这样才能使国家长治久安。他的这些论述切中历代铸行减重钱(包括虚额大钱)者急功近利的要害,对后代影响很大。他的话成为后世反对铸行劣币者的重要理论依据。

在这一历史时期,人们开始对钱币本身作系统的研究,出现了第一批钱币学方面的著作,见于记载者有《刘氏钱志》和《顾烜钱谱》。但是,这两部书现在都佚失了。写《刘氏钱志》的刘氏究竟是什么时候的人,名字叫什么,已不见记载。只知道他早于顾烜,因为顾烜在自己著作中引用了他的书中的内容。人们也正是因为顾烜引用他的书,才知道有他和他的著作存在。

《隋书·经籍志》记载了《顾烜钱谱》,说是包括钱谱、钱图各一卷。但人们对此书更多的了解却是通过南宋人洪遵撰写的《泉志》。《顾烜钱谱》与《刘氏钱志》大约在南宋时都在流行,洪遵曾亲自读过,在《泉志》中都曾引用。其中对《顾烜钱谱》引用特别多,不下数十处,而且在序言中热情地称赞顾氏,说他做了开创性的工作。由于洪遵的介绍,我们知道了顾烜是南朝梁人,他的著作内容丰富,是中国古代钱币学的奠基之作。

钱 币 文 化

对于"钱币文化"这一用语，有人提出异议，此处并不想讨论这一用语是否科学，只想借用这一用语代指与钱币相联系的文化形态的事物。与某种事物联系的文化形态体现通常总是比这一事物自身的发展滞后的，钱币和与钱币联系的那些意识形态的情况也不例外。当钱币和货币经济呈现出某种衰落趋势时，货币拜物教却颇流行，有关钱币的艺文、传说及与钱币联系的一些民俗活动也出现了。

东汉到隋代货币发展虽然表现为暂时低潮的趋势，然而令人困惑的是，偏偏在这一时期出现了被认为是抨击货币拜物教的杰作《钱神论》，为什么在货币经济高涨时期没有人批评货币拜物教，而在货币经济已呈衰势时反而有人站出来批评货币拜物教呢？

我国货币经济发展很早，自然货币崇拜即所谓货币拜物教也很早就产生了。货币崇拜是由求利心理发展演化而成的。求利是商人的本能，《墨子·贵义》描绘当时商人的求利心态说：如果商人发现某两处货物价格有数倍的差异，那么"虽有关梁之难，盗贼之危"，也一定不顾一切地前往。《管子·禁藏》也讲：只要有利可图，商人们就会"倍道兼行，夜以继日，千里而不远"。在春秋战国时期商业发展大潮中，随着商人社会地位的提高和经济实力的增强，商人的这种求利思想极大地影响了整个社会。《管子·禁藏》就讲，当时人们相当普遍的心理是："利之所在，虽千仞之山，无所不上；深源之下，无所不入。"

《韩非子·解老》假借管仲回答齐桓公的问话讲道：水的流动是没有止境的，如果说它有止境，那只是因为它数量有限；人的求富之心就像水一样，永远不会有满足的时候。大史学家司马迁更用"天下熙熙，皆为利来，天下攘攘，皆为利往"来形容时人的心态。他并且说："贤人深谋于廊庙，论议朝廷，守信死节隐居岩穴之士设为名高者安归乎？归于富厚也。"

无论是冲锋陷阵的战士，还是打家劫舍的盗贼，"其实皆为财用耳"。马克思说："随着商品流通的扩展，货币——财富的随时可用的绝对社会形式的权力也日益增大。"这也就是司马迁讲的："富相什（一个人拥有的财富为另一个人的十倍）则卑下之，伯（一百倍）则畏惮之，千则役（一个役使另一个），万则仆（一个给另一个做奴仆）。""千金之家比一都之君，巨万者乃与王者同乐。"

另外，当时流行一句谚语："千金不死，百金不刑。"由此必然演成对货币的崇拜。春秋战国时期的诸子百家都看到了这种社会时尚的变化，儒家高举起

"见利思义"的旗帜，法家则提出"利出一孔"的主张，这从反面说明了求利、崇拜金钱风气的严重性。纵横家们则对求利和崇拜金钱的时尚大加利用，他们用重金贿赂收买达官贵人，达到某种政治目的，导演出一幕又一幕政治上和外交上的悲喜剧。

金钱与荣耀

关于战国时某些人对金钱的崇拜，有一个极生动的例证，那就是苏秦家人在苏秦发迹前后对苏秦态度的转变。这个故事是《战国策·秦策》记载的：纵横家苏秦提出连横主张，就自己置办行装携带黄金百斤到秦国游说。不想秦王不买他的账，他得不到信任，得不到官爵，衣服穿破了，金子用光了，只好灰溜溜地回了家。到了家，"妻不下纴（不停止纺织），嫂不为炊，父母不与言"，好狼狈呵！他发奋读书，本事增加了，又把连横的主张改为合纵，再次出去游说。这次游说相当顺利，先是得到赵王的赏识，随后又得到另外数国国君的信任。

当他携带各国资助的上千斤黄金在前往楚国途中经过家乡时，"父母闻之，清宫除道，张乐设饮，郊迎三十里。妻侧目而视，倾耳而听。嫂蛇行匍伏，四拜自跪而谢"。苏秦问他嫂子：为什么上次我回来对我那样无礼，这次又对我这般低三下四？嫂子倒也直率，她实话实说：因为你这次回来"位尊而多金"。

苏秦的家人特别是他的嫂子对苏秦态度的180度的转变，固然说明了时人对金钱的崇拜，但是如果我们仔细品味这一段故事，就会体会到苏秦家人崇拜的不仅仅是他的金钱，还有他的权势（位尊）。

鲁褒的《钱神论》

鲁褒的《钱神论》，我们不妨将其中的部分内容节录如下：大矣哉！钱之为体，有乾有坤之象……失之则贫弱，得之则富昌。无翼而飞，无足而走。解严毅之颜，开难发之口；钱多者处前，钱少者居后；处前者为君长，在后者为臣仆；君长者丰衍而有余，臣仆者穷竭而不足……无德而尊，无势而热，排朱门而入紫闼。钱之所在，危而使安，死可使活；钱之所去，贵可使贱，生可使杀。是故忿争辩讼非钱不胜，幽滞孤弱非钱不拔，怨仇嫌恨非钱不解，令问笑谈非钱不发。洛中朱衣，当途之士，爱我家兄，皆无已已，执我之手，抱我终始，不计优劣，不论年纪，宾客辐辏，门常如市。谚曰：钱无耳，可暗使，岂虚也哉！又曰：钱可使鬼，而况人乎！……凡今之人，惟钱而已，故曰：君无钱，士不来，君无赏，士不往。仕无中人，不如归田；虽有中人，而无家兄，不异无翼而欲飞，无足而欲行。

显然，鲁褒这篇《钱神论》也是愤世嫉俗之作，而且也是针砭和鞭笞社会上唯钱是视的恶劣风气。为什么鲁褒也要抨击那种盲目追逐金钱的丑恶现象呢？难道鲁褒的时代也有资本主义生产关系的潜在势力？答案还得从历史实际中去寻找。考察从东汉到魏晋南北朝的那段历史我们就会发现，这个时期商品经济确实是发展相对不景气的，货币经济更有某种衰退，但是社会上拼命追逐财富、追逐金钱的风气在一定范围内却是引人注目地存在的。

说到拼命聚敛财富，人们不会不想到东汉的郭况和梁冀。他们两人都是外戚，有很高的官爵，却爱财如命。郭况"累金数亿"，当时流传民谣说："洛阳多钱郭氏室，夜月昼星富无匹。"人们把他的家称为"金穴"。梁冀不择手段地敛财，遭到时人痛恨。他终因犯罪被没收家产，他的财产竟多达 30 余万斤，相当全国人一年缴税总数的一半以上。汉末董卓也是个爱财敛财的人，他被杀以后，在他的巢穴——郿坞中，人们发现他藏有黄金两三万斤、白银八九万斤。三国时期魏国的刘类，在担任弘农太守期间，"使人掘地求钱，所在市里皆有孔穴"。晋朝有位中书令名叫和峤，他对钱有特殊的嗜好，以致被当时人认为有"钱癖"。当时任廷尉者多借办案收受贿赂，民间流行民谣说："廷尉狱，平如砥；有钱生，无钱死。"

北魏有个贵族名叫元诞，他担任齐州刺史时，当听到人们批评自己太"贪"的议论时，他竟说："齐州七万家，吾至来，一家未得三斗钱，何言贪也？"另一位贵族拓跋庆担任太尉主簿，"事无大小，得物然后判，或十数钱，或二十钱，得便取之，府中号为十钱主簿"。他们对钱的追逐到了如此地步。类似的事例还能找到许多，但通观这些事例，我们不难发现，当时追逐金钱最甚者、攫取金钱最多者，大都是贵族世家，这类记载中很少出现工商业者（这大约与工商业者的经济实力减弱有直接关系）。这就说明，鲁褒在《钱神论》中所抨击的不是别人，正是这些利用手中特权拼命攫取金钱的人，用他自己的话讲，即是那些"洛中朱衣，当途之士"。

在鲁褒写《钱神论》后，梁朝又有萧综写了《钱愚论》，他针砭的目标，与鲁褒很接近，也是贵族，但这次不是泛指而是特指，被针砭的人就是临川王萧宏。萧宏"性爱钱，百万一聚，黄榜标之，千万一库，悬一紫标，如此三十余间"。也是一位有"钱癖"的人。于是萧综便写了《钱愚论》讽刺他，皇帝知道了，怕"影响"不好，赶忙让萧综销毁此文，然而为时已晚，此文早已被广泛传抄，流行开来。

谶纬与钱币

所谓谶纬，谶指能预示吉凶的语言、图符、征兆等，纬指对经典所作的预示吉凶的解释。谶纬在我国流行很早，西汉末至南北朝是流行的鼎盛期。它的流行对钱币的铸行也有一定影响。

王莽时铸金错刀，有人对他讲刘字（繁体）中包含"金"和"刀"，王莽就赶忙改变钱币形制，这就是受了谶纬的影响。王莽改铸"货泉"，却让刘秀钻了空子。因为刘秀起兵于春陵的白水乡，"货泉"可以拆成白、水、真、人四个字，于是刘秀以此作为自己要取而代之的征兆。即使是在他做皇帝以后的许多年，他仍然不愿废掉这种钱，直到建武十六年（40），他才在大臣的催促下恢复铸行五铢钱。

东汉末年，宦官、外戚轮流专权，政治黑暗，危机四伏。汉灵帝中平三年（186），铸行四出五铢钱。所谓四出，就是在钱背有四道斜纹由穿孔四角连达外廓，所以这种钱又被称为角钱。这种钱的铸行本来是有积极意义的，因为五铢钱行用已200余年了，形式基本上没有变化，这次在钱背加铸四条连线纹，是对以往形制的一种突破。但因为它"生不逢时"，就被说成是亡国征兆。有人散布说，此钱表示，当权者"侈虐已甚，形象兆见，此钱成，必四道而去"。钱既四道而去，国家空虚，必将灭亡。

南朝陈宣帝太建十一年（579），铸行虚价大钱"太货六铢"，以一当十，引起百姓普遍不满。有人便利用谶纬来表示不满，说：太货六铢钱的"六"字就像一个人叉着腰，而"太"字、"铢"字写得像是有许多泪珠，这种钱文象征要"叉腰哭天子"。不久，恰好陈宣帝去世，人们便认为预兆很灵验。

青蚨与摇钱树

随着货币的广泛应用，就必然要出现一些在观念形态上反映货币的东西，今人通常称之为"钱币文化"。那些被纳入"钱币文化"范围的东西的发展，大抵是比钱币本身的发展要迟的。东汉至隋这一历史时期中，与钱币联系的神话传说、民俗等有比较突出的发展。

晋朝人干宝写的《搜神记》中记载了一则神话：南方有一种昆虫，名叫嫩蜗，又名蟛蜗，还名青蚨。它形状似蝉而比蝉稍大，可以食用而味道甘美。它产子必定产在草叶上，像蚕子一样大小。取走它的幼虫，幼虫的母亲就会跟踪飞来，不管离得有多么远。即使是偷偷地取走幼虫，幼虫的母亲也一定能知道幼虫被藏在哪里。如果用幼虫母亲的血涂在81文铜钱上，把幼虫的血涂在另外81文铜钱上，然后用涂了幼虫血的钱去买东西，而把涂了它的母亲血的钱留在家里，则事后这些花掉了的钱会自己飞回来。或者用涂了幼虫母亲血的钱去买东西，而把涂了幼虫血的钱留在家里，结果也一样。这就等于讲，谁有了用青蚨母子血涂的钱，谁就有永远花不完的钱，该是何等的诱人！大约这一神话太有诱惑力，以致后来青蚨竟成了钱的代名词。旧中国不少店铺的名字中都有"蚨"字，北京的"瑞蚨祥"即是一例。关于"轻影钱"、"钱龙"等传说也产生于这一时期。

在以农业立国的时代，人们把对财富的渴望同农作物联系起来是很自然的，关于摇钱树的幻想大约就是这样萌生的。近年在四川、云南等地东汉三国古墓的发掘中，几次发现了"摇钱树"。它们主要部分是铜制的，在曲折的树枝上有许多枚"铜钱"，"铜钱"的钱文通常是"五铢"或"五铢口口"，这些说明了钱树与汉文化的联系。有的树枝上还有人物和动物（例如鱼龙漫衍的百戏图像）。

四川出土了一些雕有"摇钱树"图案的陶器，内容颇为丰富。除各种各样的怪兽外，还有坐于龙座上的西王母、抱瓮骑羊人、持竿打摇钱树上钱的人、将钱担走的人等。东汉以后直至清代，关于"摇钱树"的传说始终存在，作为陈设品的"摇钱树"也时时可见。但就现今所见，宋以后的"摇钱树"艺术品，大多呆板，反不如东汉时期的生动。

随着钱币在人们日常生活中应用逐渐普遍，随着关于钱币的传说的增多，西汉时期人们开始有了佩钱的习惯。由此在东汉以后衍生出一类非流通钱币，后世称为民俗钱。这类钱上通常铸有"日入千金"、"宜子保孙"、"长毋相忘"等吉语或表示心愿的文字。东汉至隋这一时期，又是中国历史上宗教发展的兴盛时期。宗教思想的泛滥，在钱币上也有反映，这就是出现了"魇胜钱"。所谓"魇胜"，就是驱魔辟邪的意思。魇胜钱就是专用来驱魔辟邪的佩钱或冥钱。魇胜钱上有的有图案，开了后世花钱之先河。

钱赏篇

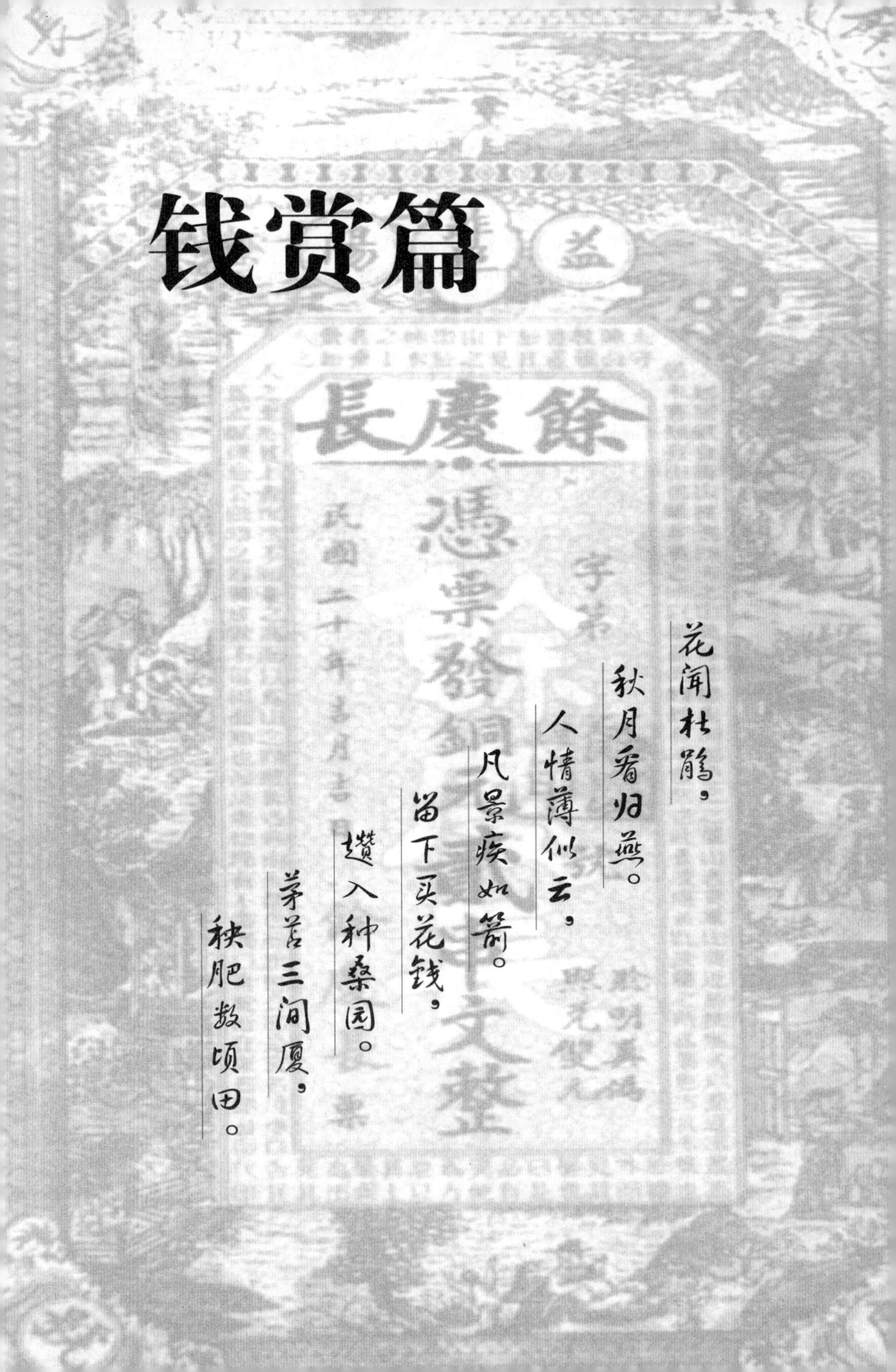

花闻杜鹃，

秋月看归燕。

人情薄似云，

凡景疾如箭。

当下买花钱，

攒入种桑园。

茅茨三间厦，

秧肥散顷田。

钱 币 赏 览

早期钱币

夏贝币

共字圜钱

齐国刀币

战国末秦相吕不韦铸的文信

西汉早期铸的半两（铁）

西汉元鼎四年（前 112）开始铸造的五铢钱

东汉铸造的平字五铢

汉孺子婴居摄二年（7）铸，契刀
五百断柄者

三国·孙吴铸造的大泉二千

三国·孙吴铸造的大泉五千

隋文帝开皇元年（581）始铸
造的隋五铢

年号

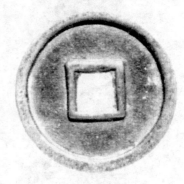

元武宗至大三年（1310）始铸造的大元通宝（八思巴文）

元武宗至大三年（1310）年间始铸至
大通宝

元铸造的大朝通宝

（明）官铸寄托北宋年号钱

花钱

"康熙"花钱

（清）康熙通宝四品

（清）康熙通宝二品

（清）乾嘉时期民间私铸年号钱

（清）单面刻花康熙罗汉钱六品

（清）太原局铸康熙通宝

（清）宝泉局铸雍正通宝

（清）直隶局铸乾隆通宝

（清）宝泉局铸乾隆通宝

吉语

商周时期的金文铭刻,常见"眉寿无疆"祝颂之辞。民间俗信眉长是寿征,无患害。另见魏晋"万岁富贵"瓦当,其"富"字宝盖头无点。民间俗传,"富贵无头"、"富贵不出头",此也为钱币吉语肇起之源。

(宋)青铜铸造"福寿"钱

(宋)"眉寿无害"生肖钱

（明中）官铸劝诫钱

（明末）江南庙宇私铸吉语钱

（明末）民间私铸秘戏钱

（明）方孔圆形
"指日高升"钱

（明）"国太民安·禄位高升"钱

（明·清）"风调雨顺·五谷丰登"钱

（明清）"蕃昌·百禄"钱

（明清）"福寿康宁·平安吉庆"钱

（明清）"宜室宜家·多福多寿"钱

（清）"积善行好·孝友世家"钱　（清）"长命富贵·多福多寿"钱　（晚清）"三多九如·百子千孙"钱

（清）"福禄寿禧·五福"钱

（清）"福禄寿禧·万事和合"钱

（清）"太平如意·和合"钱

（清）"长发其祥·福寿"钱　　　　　　（清）"吉祥如意·百寿"钱

（清）"和合如意·吉祥"图纹钱

（清）"招财进宝"图纹钱　　　　　（清）"满载而归"图纹钱

（清）"老安少怀·福寿长春"钱

（清）咸丰年间官铸宫钱

（清）咸丰年铸"福寿康宁"钱

"长命富贵"一词源于《旧唐书》，古钱谱录所记该钱也为李唐所铸，宋元始有多种版式，明清则达到大小俱全。"天下太平"语出自《吕氏春秋》，用于钱文早在六朝，此种吉语钱较为常见，但大都为明清之物。

（清）"天下太平·龙凤"钱

（清）"长命富贵·龙凤"钱

方形 "加官进禄·龟鹤齐寿" 钱牌

梅花形
"长命守富贵" 钱

委角形
"寿添福禄" 钱

方孔圆形附挂扣
"百子千孙" 钱牌

方孔圆形附挂扣
"百福千祥" 钱牌

（清）鼎炉形
道光"通宝天下太平"钱牌

（晚清）圆孔圆形附挂扣
"富贵长久"钱牌

（清）祥云形
"金玉满堂"钱牌

（清）篆书"二十四体福寿"钱

（清）篆书"二十四体福寿"钱

（清）隶书"君明臣良·丰年大有"钱

（清）铅锡铸造 "状元祈福"钱

（清末）银楼镌刻吉语钱

（民国）"长命百岁"合背钱

（清）方孔圆形
"一品当朝"钱

（清）圆孔圆形
"天官赐福"钱

（清）圆孔圆形
"金玉满堂"钱

古语花钱

"福禄寿花"钱

"寿"字钱币

生肖钱

辟邪、咒语

元代顺帝至元年间，封张宗演为"辅汉天师"，从此张天师之名传播天下。民间盛传"天师驱鬼"之术，钱上遂有"天师驱鬼图"。

(元明)"天师驱鬼"生肖钱

明前期官铸筮钱"阴阳神灵"

凡修道之士栖隐山谷，须得"五岳真形图"佩之，据说它能使一切鬼魅妖怪，皆莫能近。大概这种钱牌的铸造，在明代万历年间。

(明)"五岳真形"钱牌

（明）"咒语炼丹"钱

（明）"咒语八卦"钱

（明清）"符箓敕令"钱

清"真武驱邪"钱牌

"玄武"原指北方七宿星座，其形龟蛇合体，在宋代被人格化后，尊为降邪赐福之神，又因避宋圣祖之讳，改"真武"。"真武"执剑立龟蛇之上行海水之中的图案，均出于晚清时期。

清"真武驱邪"钱

（明清）"符箓敕令"钱

（明清）符咒钱

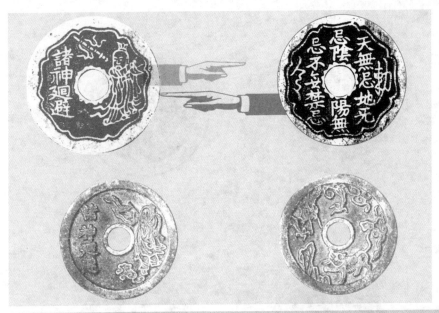

（清）"诸神回避"钱

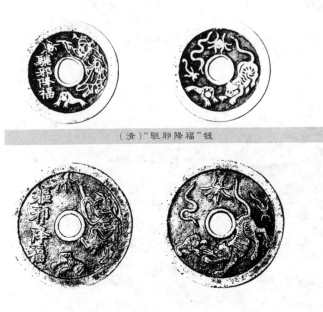

（清）"驱邪降福"钱

（清）"驱邪降福"钱

岁暮悬钟馗像以祛邪魅之俗，始于唐朝。端午节除瘟避毒之俗，则有更悠久的历史，由「钟馗驱邪」承传到「端午除五毒」的习俗，大约形成在清代后期。历代民间风尚沿革，由此可略见一斑。

（清）黄铜铸造 "雷符·咒语"钱

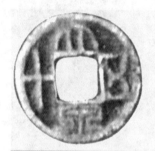

（清）仿铸小型"大泉五十·龟蛇星剑"钱

（晚清）"避邪降福"钱牌

祥瑞动物、生肖钱币

龙与凤都是中国古代传说中的神物。龙象征皇权至高无上，凤却风姿绰约，代表高贵，二者在人们心目中是吉祥幸福的化身。以上图片均象征着高贵、华丽、祥瑞、喜庆、幸运。

隋大业年间墓葬出土"太货六铢·生肖"钱

元民间私铸佩饰钱"镂空双龙戏珠"

（宋）"长命富贵"十二生肖芯钱

（元明）"本命星官"生肖钱

（明清）"龙凤·八卦"钱

（清）"游龙双珠·凤穿牡丹"钱

（晚清）"刘海戏金蟾"钱

（清）"游龙飞凤"钱

花卉纹饰

　　花卉图纹钱以植物为原型的图纹钱，多为喜庆而铸。清末民初，还盛行一种手工镌刻的银质"花钱"。这些钱主题鲜明，构思巧妙，趣味盎然，可玩可赏，极富独特的格调和浓厚的民俗色彩。

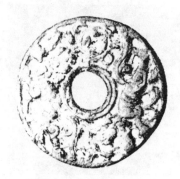

（元代）双狮纹镂空钱

（元明）双鹤纹镂空钱

（元明）蔓草纹镂空钱

（明）八宝图纹线

（明清）双雀纹镂空钱

（明清）麟凤纹镂空钱

（明清）花卉图纹钱

（明）八宝图纹钱

（明）多宝图纹钱

（明清）花草纹镂空钱

（明清）缠枝纹镂空钱

（明清）三花纹镂空钱

（明清）双花纹镂空钱

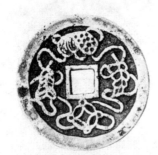

（清）八宝图纹钱

（清）"连中三元·和合"图纹钱

卜易八卦、信仰

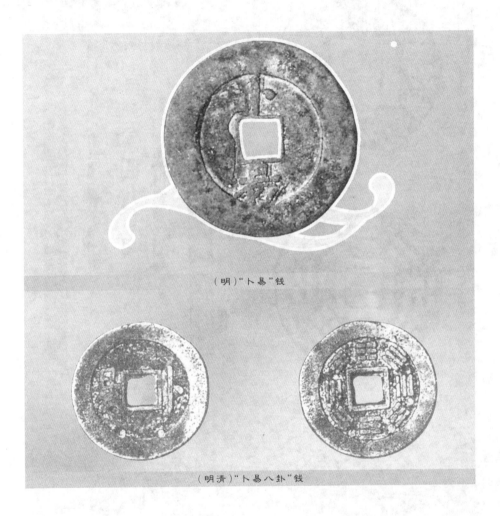

（明）"卜易"钱

（明清）"卜易八卦"钱

（明清）"卜易八卦"钱

（明清）"卜易八卦"钱

（明清）"卜易八卦"钱

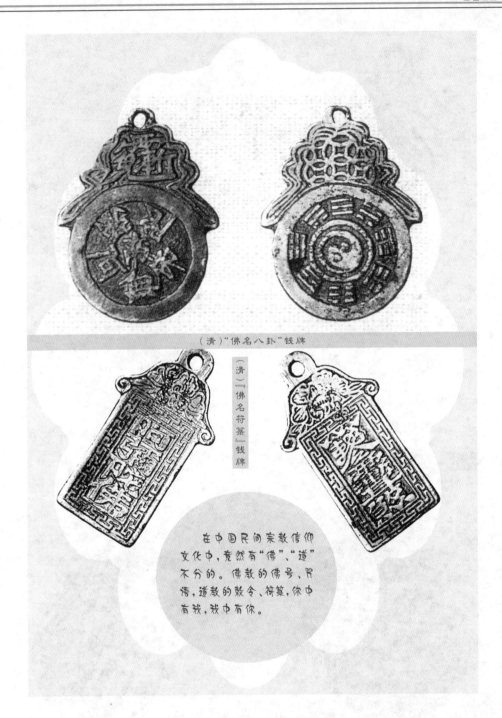

（清）"佛名八卦"钱牌

（清）"佛名符箓"钱牌

在中国民间宗教信仰文化中，竟然有"佛"、"道"不分的。佛教的佛号、咒语，道教的敕令、符箓，你中有我，我中有你。

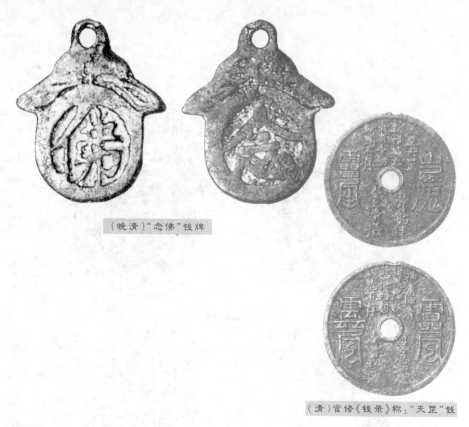

（晚清）"念佛"钱牌

（清）官修《钱录》称："天罡"钱

劝诫

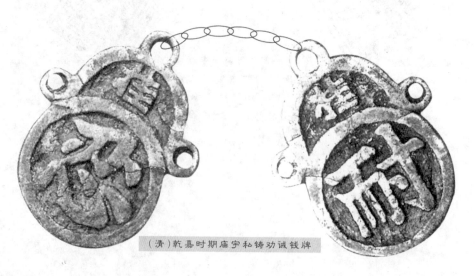

（清）乾嘉时期庙宇私铸劝诫钱牌

（清中）官铸吉语钱

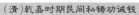

（清）乾嘉时期民间私铸劝诫钱

（清）乾嘉时期官铸劝诫钱

其他

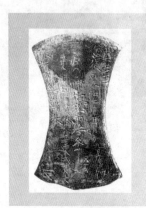

金代泰和七年（1208）银铤

金"承安宝货"银铤

元至正十四年（1354）银铤

一色杏花红十里钱牌

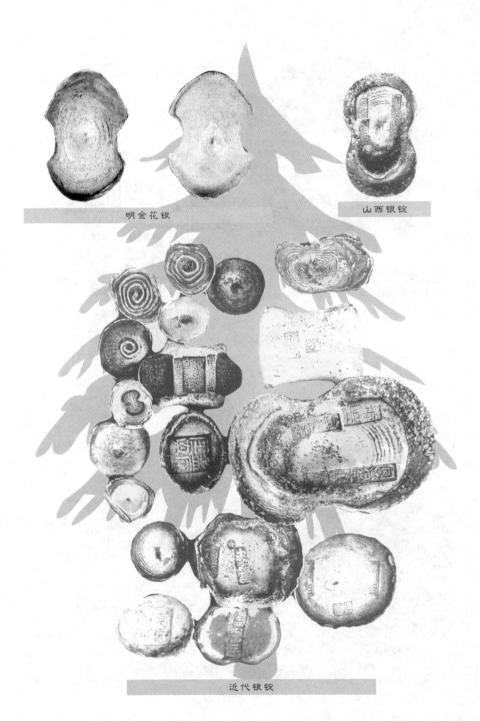

明金花银

山西银锭

近代银锭

清朝官修《西清古鉴》称此为"台阁"钱，因此钱状酷似楼阁而得名

（清）黄铜铸造"将军箭"钱牌

清朝铸造的"花"钱

光绪像银币

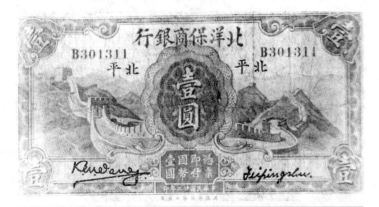

北洋保商银行纸币

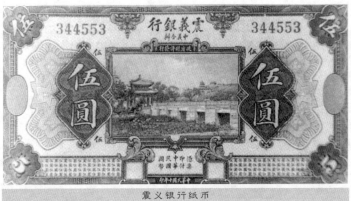

震义银行纸币

伪中国联合准备银行纸币上的岳飞像

广东省银行纸币

广东省银行纸币

中央革命根据地铜币

中央革命根据地铜币